Bernd Kortmann, Günther G. Schulze (Hg.)

Mehr Mut wagen!

Plädoyer für eine aktive Politik und Gesellschaft

[transcript]

Bibliografische Information der Deutschen Nationalbibliothek
Die Deutsche Nationalbibliothek verzeichnet diese Publikation in der Deutschen Nationalbibliografie; detaillierte bibliografische Daten sind im Internet über http://dnb.d-nb.de abrufbar.

© 2024 transcript Verlag, Bielefeld

Umschlaggestaltung: Maria Arndt, Bielefeld
Umschlagabbildung: jozefmicic / Adobe Stock
Korrektorat: Jasmin Weissberg
Druck: Friedrich Pustet GmbH & Co. KG, Regensburg
https://doi.org/10.14361/9783839470404
Print-ISBN: 978-3-8376-7040-0
PDF-ISBN: 978-3-8394-7040-4
EPUB-ISBN: 978-3-7328-7040-0
Buchreihen-ISSN: 2364-6616
Buchreihen-eISSN: 2747-3775

Gedruckt auf alterungsbeständigem Papier mit chlorfrei gebleichtem Zellstoff.

Inhalt

Mehr Mut! – Ein Plädoyer

Bernd Kortmann und Günther G. Schulze

Wir leben systematisch unter unseren Möglichkeiten, weil wir den Mut nicht finden, das Notwendige zu tun. Nicht, weil wir nicht wüssten, was zu tun wäre; nicht, weil wir es nicht könnten oder uns die Mittel fehlten, sondern weil es uns an Mut fehlt. Die Folgen dieser eklatanten – individuellen wie kollektiven – Mutlosigkeit sind ungenutzte Chancen im Großen wie im Kleinen, Frustration, Desillusionierung, Verschwendung, aber auch menschliches Leid, Verzweiflung und Tod.

Beispiele gibt es viele: Wir helfen unseren ukrainischen Nachbarn nur zögerlich und wiederholt zu spät um sich optimal zu verteidigen, als sie brutal angegriffen werden, obwohl wir wissen, dass späte Hilfe den Angegriffenen mehr Leid und Tod bringt als entschlossenes Handeln. Wir treiben die Energiewende nur langsam voran wohl wissend, dass die menschengemachte Klimaveränderung eines der drängendsten Probleme unserer Zeit ist, katastrophale Folgen zeitigen wird und beherzte Maßnahmen erfordert. Obwohl lange erkannt und oft thematisiert, reduzieren wir die Abhängigkeit von russischen Energielieferungen auch nach der russischen Annexion der Krim 2014 nicht, als sich doch deutlich abzeichnet, dass diese Abhängigkeit zu einem mächtigen politischen Druckmittel werden kann. In der Pandemie ergreifen wir die nötigen Maßnahmen zu zögerlich und zu halbherzig mit der Folge, dass mehr Menschen erkranken und sterben als nötig. Die Digitalisierung ist in einem beklagenswerten Zustand, obwohl wir die Mittel hätten, dies zügig zu ändern, das Problem lange bekannt ist und die Digitalisierung ein Schlüssel für die Zukunftsfähigkeit unseres Landes ist. Sozialpolitische Reformen, etwa die Reform des Renten-, Pflege- oder Gesundheitssystems, unterbleiben so lange, bis es nicht mehr anders geht – mit der Konsequenz, dass die Kosten viel höher sind, als sie sein müssten. Die Liste ließe sich leicht fortsetzen, man denke nur an die seit Jahren immer deutlicher zutage tretenden Defizite in der Verkehrsinfrastruktur

(Straßen, Brücken, Schiene) oder im schulischen Bildungssystem. Die Situationen erinnern an den Patienten mit Zahnschmerzen, der nicht zum Zahnarzt geht, obwohl er weiß, dass es umso schlimmer wird, je länger er wartet. Warum nur?

Zudem gibt es an der Spitze des Eisbergs an Groß- und Dauerproblemen Deutschlands ja immer – und in den letzten Jahren vermehrt – wechselnde, sozusagen ›tagesaktuelle‹ Großkrisen, die die Beschäftigung mit der Lösung der Dauerprobleme zumindest zeitweise in den Hintergrund rücken lassen. Jüngste Beispiele sind die Corona-Pandemie, die, kaum wähnte man sie nach zwei Jahren weitgehend ausgestanden, fast unmittelbar von der Ukrainekrise mit dem Beginn des russischen Angriffskriegs am 24. Februar 2022 abgelöst wurde. Seitdem stecken Politik und Gesellschaft erneut mitten in der Bewältigung multipler tiefgreifender nationaler und internationaler Krisen und Herausforderungen, seit dem 7. Oktober 2023 nun auch noch der durch den Terrorüberfall der Hamas wieder entflammte Gaza-Israel-Krieg, von denen die Bevölkerung am stärksten von der hohen Inflation sowie der Energie- und erneuten Flüchtlingskrise betroffen ist.

Mutlosigkeit und Wege zu mutigerem Handeln sind das Thema dieses Buchs – im Großen wie im Kleinen. Denn Mutlosigkeit findet sich verbreitet auch abseits der großen Bühnen nationaler und internationaler Politik: auf den zahllosen kleinen, den normalen Menschen viel näheren und ihr eigenes Leben viel unmittelbarer beeinflussenden Bühnen des beruflichen und privaten Lebens im Alltag. Mut, so scheint es, ist eine Tugend, die in unserer bislang relativ friedlichen Wohlstandsgesellschaft sehr vernachlässigt worden ist, weil sie scheinbar obsolet geworden war. Angesichts existenzieller Krisen – den Erfahrungen mit der Pandemie, dem Angriffskrieg der russischen Föderation auf ihr Nachbarland, der Klimakrise – wird aber offensichtlich, dass es dringend mutigen Handelns bedarf – viel mehr als bisher gedacht und geschehen. Die Probleme, die vor uns liegen, und die, die noch kommen werden, sind enorm und verlangen entschiedenes Eingreifen, auch gegen Widerstände. Dazu braucht es Mut! Eine Renaissance dieser Tugend scheint notwendig. Wie aber treffen wir mutigere Entscheidungen und warum ist das so schwer?

Offensichtlich ist Mut nur eine Tugend in Verbindung mit den richtigen Zielen, nicht eine Tugend an sich. Auch darf Mut nicht mit Aktionismus, Übermut und unüberlegtem schnellen Handeln verwechselt werden. Mut bedeutet, das nach einem sorgfältigen Reflexionsprozess als

richtig Erachtete auch unter Gefahr und gegen Widerstände durchzu-
setzen oder es zumindest zu versuchen. Deshalb ist unser Plädoyer kein
Aufruf zu Wagemut, Heldentum, Ins Risiko Gehen um jeden Preis. Tatsächlich finden sich in diesem Band auch zur Vorsicht mahnende Stimmen – Stimmen, die ein ambivalentes Verhältnis zu Mut haben und die
dem Innehalten, Nachdenken und durchaus auch dem Zaudern Positi-
ves abgewinnen können.

Dieser kleine Band soll aber sehr wohl ein Plädoyer für ein Mehr an
Mut sein – Mut zunächst verstanden in einem ganz allgemeinen, an sich
recht bescheidenen Sinn: Den Mut zu haben, ernsthaft nachzudenken,
und dann das Richtige nicht nur zu erkennen, sondern auch zu tun! Unser Mut-Plädoyer ist also ein klares und entschiedenes, aber gleichzeitig
ein eher unaufgeregtes. Viel wäre gewonnen, würde die Ermunterung zu
›Mehr Mut!‹ zu einem Weniger an Zaudern und Nicht-Handeln führen,
so dass notwendige Entscheidungen nicht mehr verzögert werden und
es in Politik und Gesellschaft seltener ein Herausstehlen aus, Wegducken
vor oder Wegdelegieren von Verantwortung gibt. Unsere Aufforderung
›Mehr Mut!‹ zu wagen bedeutet aber auch, Defätismus abzustreifen, in
die eigene Handlungs- und Problemlösungsfähigkeit und die der Gesellschaft zu vertrauen und die Herausforderung anzunehmen, die Welt
zum Besseren zu verändern. In diesem Sinne ist unser Plädoyer gänzlich
unbescheiden – und notwendig.

Wir möchten unser Plädoyer also als eine Aufforderung an jede und
jeden Einzelne(n) von uns in unserem jeweiligen beruflichen wie privaten Aufgaben- und Verantwortungsbereich verstehen. Geben wir der
Initiative eine Chance! Widerstehen wir der Versuchung, vor vorgescho-
benen oder sogar objektiv bestehenden Schwierigkeiten zu kapitulieren
und spontan lieber nichts zu tun! So verstanden, changiert unser Verständnis von Mut also zwischen dem einer Tugend und einer Haltung.
Gleichgültig welches Verständnis man wählt, unterausgeprägt oder vernachlässigt ist Mut nach unserer Wahrnehmung in Politik und Gesellschaft im Deutschland von heute allemal – und damit in höchstem Maße
wert, gestärkt zu werden. Ein so verstandenes Plädoyer für ›Mehr Mut!‹
ist umso wichtiger in Ausnahmezeiten, speziell in existenziellen Krisenzeiten, wie wir sie in seltener Serie und Kumulation seit Jahren erleben
und zu deren Bewältigung teilweise mehr- bis vieljährige tiefgreifende
Wandel- und Umsteuerungsprozesse erforderlich sein werden.

Wer Krisen als Chancen sieht, mag jedenfalls zahlreiche Chancen für
Deutschland in den 2020ern und den kommenden Jahrzehnten sehen.

Doch eines müssen wir uns klarmachen: für jede einzelne dieser ›Chancen‹ bedarf es des Muts der politisch Handelnden, sicher auch des Muts zu Zumutungen, wenn es einen Wandel zum nachhaltigen, mittel- und langfristig Besseren geben soll. Gleichzeitig bedarf es auf Seiten der Gesellschaft des Muts, des Vertrauens und der Zuversicht, die von hoffentlich mutigen Politikerinnen und Politikern entschiedenen neuen Wege mitzugehen und mitzugestalten. Das erfordert auch den Mut, der Komplexität des Lebens ins Auge zu sehen, und eine Haltung, die Marktschreiern und einfachen Antworten widersteht und mutiges Handeln honoriert.

Und dies genau ist unser Punkt – es braucht auf allen Seiten ›**Mehr Mut!**‹ Letztlich bekommt jede Gesellschaft die Politik, die sie verdient!

Unbequeme Wahrheiten
Wie treffen wir mutige Entscheidungen und warum ist das so schwer?

Ullrich Fichtner

Es gibt im Englischen eine schöne Formulierung, die hilfreich ist bei der Annäherung an Fragen, auf die es keine klare Antwort gibt. Der amerikanische Verfassungsrichter Potter Stewart hat sie im Jahr 1964 in einer berühmt gewordenen Entscheidung geprägt. Der Staat Ohio wollte einen Film von Louis Malle wegen Obszönität verbieten, und so sprach der Richter unter anderem über die Schwierigkeit, »hardcore pornography« im Einzelnen definieren zu können. Das, meinte Stewart, sei aber auch gar nicht nötig, denn: »I know it when I see it.«

Der Film wurde nicht verboten, denn Stewart sah offenkundig nichts, sein Kriterium machte fortan im angloamerikanischen Sprachgebrauch Karriere. Es kann mittlerweile auf alle möglichen Phänomene angewandt werden, die schwer in Worte zu fassen, aber zweifellos existent sind – und es lohnt sich, das Thema ›Mut‹ kurz damit abzuklopfen, um die Einkreisung der Frage zu beginnen: Wie treffen wir mutige Entscheidungen und warum ist das so schwer?

»I know it when I see it«: Die Bildergalerie unserer kollektiven Erinnerung ist reich an Motiven des Muts, die erstbesten wären die New Yorker Feuerwehrleute des 11. September 2001, die Pflegekräfte überall auf der Welt in diesen Jahren einer Pandemie, oder gerade jetzt, jene ukrainischen Männer und Frauen, die sich in ihren Dörfern zu Beginn des Krieges den anrückenden russischen Einheiten entgegenstellten mit der entwaffnenden Frage: was sie denn in der Gegend eigentlich zu suchen hätten.

»I know it when I see it«: Wenn Mut fotografierbar wird, geht es in der Regel um seine Spielart als Heldenmut, um situative Courage, um die bravouröse Reaktion. Zum Helden taugt, wer sich in der Gefahr auf

die Richtigkeit der eigenen Reflexe verlassen kann – und in höchster
Not nicht zuerst an sich, sondern auch an das Wohl anderer denkt.

Das sind zwei wesentliche Merkmale mutigen Handelns: dass die Handelnden zum einen über einen offenbar untrüglichen Kompass verfügen,
der ihnen anzeigt, was das Richtige ist – und dass sie andererseits
uneigennützig, ja selbstlos zu Werke gehen.

Das kommt von sehr weit her: Der Mensch, der sich in die Flammen
stürzt, um ein Kind zu retten, wird immer ein Nachfahr der Göttinnen
und Halbgötter der Ilias sein, weil sich in seinem konkreten Tun zugleich
die unsterblichen Ideale aller Sterblichen aktualisieren. Edel, hilfreich
und gut soll es ja zugehen in unseren Breiten, seit mehr als 2000 Jahren,
und das hat man sich ohne Spott zu denken. Wo es um Mut geht, ist Ironie fehl am Platz. Mut ist das Eigentliche, nicht das Uneigentliche, mit
dem man intellektuell spielen könnte. Und was wäre der Mensch ohne
Mut? Ohne die anderen, vielbesungenen Ideale? Ohne Glauben? Liebe?
Hoffnung?

Natürlich: Diese Begriffe sind so groß, so ›ausgeleiert‹ im ständigen
Gebrauch, und die zugehörigen Konzepte so wolkig, dass der Verstand
sie nicht erfassen kann. Mut zu ermessen ist keine rationale, sondern eine irrationale Angelegenheit, es geht nicht ohne Gefühl, vulgo: Bauchge-
fühl. Und hier sind auch schon die Grenzen des »I-know-it-when-I-see-
it«-Tests erreicht: Ja, manchmal wird Mut für alle sichtbar. Mindestens
ebenso oft kann der Mut aber auch groß und doch unsichtbar sein. Wenn
keine Flammen schlagen, wenn es still wird, wenn es Kontext braucht,
dann ist der Mut auf den ersten Blick nicht mehr erkennbar, und womöglich auch nicht auf den zweiten und dritten: Mahatma Ghandi am
Spinnrad, Nelson Mandela 27 Jahre lang auf Robben Island, Rigoberta
Menchu vor Gericht, Wolodymyr Selenskyj im nächtlichen Kiew – man
muss viel wissen und verstehen, um hier den Mut zu begreifen.

Diesen weltberühmten Mutigen folgt ein riesiges, anonymes, aber
nicht minder mutiges Fußvolk. Unbekannte amerikanische Wahlhelfer,
die unter Polizeischutz die Stimmen auszählten, haben die Demokratie in Amerika gerettet. Namenlose Lehrerinnen und Lehrer riskieren
jeden Tag ihr Leben im Kampf um Toleranz und Freiheit, wenn sie mit
ihren Schülern über Mohammed- und andere Karikaturen diskutieren.
Ärztinnen und Ärzte führen, Schmähungen und Drohungen zum Trotz,
Impfungen und Schwangerschaftsabbrüche aus. Gewerkschafter in aller
Welt kämpfen gegen die Ausbeutung der Sklaven unserer Zeit.

Sie alle ähneln sich: Sie wägen, mutige Menschen, auf der Grundlage ihrer Überzeugungen und professioneller ethischer Verpflichtungen ihre Optionen. Nicht ob, sondern wie sie nützlich und hilfreich sein können, ist ihr Thema, auch wenn das Konflikte bedeutet, und auch, wenn sie damit selbst ins Risiko gehen, und sei es nur das, am alltäglichen Komfort Abstriche machen zu müssen. Sie fragen sich wohl, ob der langfristige Nutzen ihres Tuns größer ist als der kurzfristige Nachteil für ihr eigenes Leben. Und im Zweifelsfall schreiten sie lieber zur Tat, als darüber weiter nachzudenken.

Dies alles gesagt, fällt ein neuer Blick auf die hier erörterte Frage: Wie treffen wir mutige Entscheidungen und warum ist das so schwer? Nun, vielleicht ist es gar nicht so schwer. In Kriegs- und Krisensituationen ist es bei Licht betrachtet womöglich eher naheliegend, mutig zu agieren, der Mut liegt dann gewissermaßen in der Luft. Wenn das Haus brennt, wenn ›der Russe‹ kommt, wenn es um Alles oder Nichts geht, wird mutiges Handeln alternativlos.

Die Probleme mit dem Mut beginnen ziemlich genau dort, wo die akute existenzielle Gefahr endet (oder nicht erkannt wird). Wenn Mut zu einer von mehreren Möglichkeiten wird, zu einer Option, dann wird ein Raum des Zögerns eröffnet, der mutiges Verhalten – oder Handeln überhaupt – am Ende womöglich verhindert. Bertolt Brecht hat in seinem Gedicht »Lob des Zweifels« den Menschentypus der »Bedenklichen, die niemals handeln« von den »Unbedenklichen, die niemals zweifeln« unterschieden. Erstere, sagt Brecht, blieben gewissermaßen in der Erörterung der Gründe und Motive für ihr Handeln stecken – und täten am Ende gar nichts. Dieser Typus ist uns aus Politik, Wirtschaft und Gesellschaft gut bekannt.

In wohlhabenden, prosperierenden, in unseren bis zum Ukrainekrieg so gemütlich saturierten Gesellschaften wirkt er manchmal vorherrschend. Man kommt hierzulande, aber auch sonst in der hochentwickelten Welt der G7-Staaten, kaum mehr in die Verlegenheit des Mutig-sein-Müssens. Die Regierenden, bemüht darum, den Status quo letztlich nicht anzurühren, vermitteln im Wesentlichen die Botschaft, dass für den totalen Umbau der Gesellschaft zu einem klimaneutralen Gemeinwesen keinerlei Mut, aber sehr viel Besonnenheit nötig sei.

Dieses Muster findet sich – gerade in Deutschland – auf praktisch allen Politikfeldern wieder. In aller Ruhe hat vor allem die Kanzlerin Angela Merkel in wechselnden, vor allem großen Koalitionen das Land binnen 16 Jahren in die Funktionsuntüchtigkeit hinein verwaltet. Die

Bundeswehr? Nicht einmal mehr »bedingt abwehrbereit«. Die Bahn? Ein Pannenbetrieb. Ladeinfrastrukturen für die E-Mobilität? Seit Jahren in Planung. Flächendeckendes Hochgeschwindigkeitsinternet? Versprochen, gebrochen. Diese Liste ist beliebig verlängerbar, und sie ist in Teilen wirklich schockierend: Dass in einem der reichsten Länder der Welt 4000 Autobahnbrücken marode und dringend sanierungsbedürftig sind, klingt wie ein Witz. Ist aber keiner. Und wie es geschehen konnte, dass sich einer der mächtigsten Industriestandorte des Planeten derart von russischen Energielieferungen abhängig machen kann, wird geopolitische Historiker der Zukunft gewiss noch viel beschäftigen.

Das eigentliche Signum deutschen Regierens ist nach dem rot-grünen Entr'acte der Jahrtausendwende wieder Helmut Kohls berühmtes »Weiter so!«. Die daraus entstehenden Versäumnisse werden in diesen Jahren multipler Krisen greifbar. In Deutschland hat sich in den vergangenen 20 Jahren eine Kultur der Mutlosigkeit breit gemacht, die regelrecht empörend wirkt.

Auch der Ukrainekrieg hat dafür neues Anschauungsmaterial geliefert. Als der russische Überfall begann, und die Angst am größten war, selbst in Mitleidenschaft gezogen zu werden, war auch in Deutschland die Bereitschaft zu eigenen Opfern groß, und der Mut, die kommenden Herausforderungen gemeinsam bestehen zu wollen, war überall spürbar. Hierzulande regte sich, was kaum je vorkommt, die Liebe zur Freiheit – und die Bereitschaft, für ihre Verteidigung einen Preis zu zahlen.

Diesen Preis im Einzelnen festzulegen, wäre die Aufgabe der Regierung gewesen. Richtig und jedenfalls mutig wäre es gewesen, den gesellschaftlichen Schwung mitzunehmen und der historischen Situation angemessen zu reagieren, das heißt, Hilfsgüter, Geld, Waffen in Massen zu liefern, whatever it takes, Sanktionen zu verhängen, die notfalls auch uns selber schaden – um eben den russischen Vormarsch möglichst schnell zu stoppen. Alles natürlich in Absprache mit den Verbündeten, natürlich nicht blindwütig, natürlich nicht mit Schaum vor dem Mund.

Aber der amtierende Bundeskanzler Olaf Scholz hat doch das Kunststück vollbracht, eine Zeitenwende zu erklären und sie gleichzeitig zu verweigern. Und als klar war, dass ›der Russe‹ nicht binnen 48 Stunden bis an die Elbe durchmarschiert, schaltete der ganze deutsche Betrieb unmerklich, aber eindeutig wieder auf Deeskalation zurück, auf Besonnenheit. Es ging bald wieder fast ausschließlich um die Verteidigung des deutschen Geldbeutels und die Füllstände deutscher Gasspeicher, und nicht mehr so dringend um unsere Freiheit und die der Ukraine und die Toten im Donbass.

In ein und demselben Vortrag haben Scholz' Redenschreiber das Kunststück vollbracht, die furchtbaren Kriegsverbrechen von Butscha und steigende Butterpreise unterzubringen, und das ist, mit etwas Abstand betrachtet, genauso zynisch wie es klingt. Was für den Krieg gilt, ist auf viele andere Politikfelder übertragbar. Man ist in Deutschland mutig, aber nur unter Bedingungen. Man hat Ideale, aber ›das Nähere regelt ein Bundesgesetz‹. Man verspricht Großes, aber nur mit Verweis auf das Kleingedruckte. Gewiss: Zum Teil ist das demokratischen Prozessen und rechtsstaatlichen Verfahren geschuldet, die hier keineswegs denunziert werden sollen. Aber wenn bereits jede politische Willensäußerung, ausgerufen auf einem Marktplatz, ›gerichtsfest‹ sein muss, dann weicht alles Leben aus dem politischen Betrieb. Die Gegenwart wird grau und trüb, dafür die Zukunft umso leuchtender.

Dies ist der neue Holzweg, den deutsches und europäisches Regierungshandeln gerade genommen hat. An die Stelle konkreter Handlungen treten kühne Ziele. Der Sozialwissenschaftler Harald Welzer hat das knapp und trocken formuliert: Ziele sind keine Handlungen. Für Ziele braucht es keinen Mut. Sie sind in der Gegenwart gratis. Handeln wäre gut. Und mutig ist nur, wer für sein Handeln einsteht im Hier und Jetzt.

So gesehen ist es eben nicht besonders mutig, für das Jahr 2045 oder 2055 eine klimaneutrale Weltproduktion zu versprechen, wenn damit keine Festlegungen verbunden sind, und zwar für heute und morgen und in zwei Wochen und in drei Monaten, klare, messbare Kriterien, deren Verfehlen zu sanktionieren wäre. Denn wenn zu Zielen gehörige Handlungen unklar bleiben, wird die Verkündung großer Vorhaben hohl und sogar schädlich, weil die Bereitschaft zur Veränderung mit leerer Hoffnung eingeschläfert wird.

Wirklich mutig wäre mithin ein Bundeskanzler, der sagt: ›Bis zum Ende meiner Amtszeit sind alle Funklöcher in Deutschland geschlossen, und wenn das misslingt, trete ich nicht mehr zur Wiederwahl an.‹ Mutig wäre eine Regierung, die bekannt macht: ›Wir werden in den kommenden zwei Jahren alle Schulen und Firmen ans Hochgeschwindigkeits-Internet anschließen, und wenn wir das nicht schaffen, organisieren wir Neuwahlen, um das Volk zu fragen, ob wir uns weiter bemühen sollen.‹ Mutig sind einklagbare Pläne, nicht wolkige Versprechen. Mutig ist eine Politik, die sich so versteht, dass sie mit der Gesellschaft einen bindenden Vertrag schließt. Mutig sind Selbstverpflichtungen, deren Bruch etwas kostet. Mutig und mühsam sind Bauarbeiten, nicht Masterpläne. Und im Großen: Mutig wäre es, wenn Deutschland eine angemessene Rolle in der Welt nicht länger verweigerte. Diese Debatte will ja nun vielleicht beginnen, der SPD-Vorsitzende Klingbeil hat im Frühsommer 2022 von Deutschland als Führungsmacht gesprochen, und das ist sehr zu begrüßen. Denn nach allen Kriterien ist Deutschland längst eine solche Macht, eine der führenden Industrie-, Wirtschafts- und Handelsnationen der Welt, ein Forschungsstandort ersten Ranges, eine hochzivilisierte Wissensgesellschaft – nur wollen wir von einer Führungsrolle eben nichts wissen, wollen unser Wissen nicht teilen, und andere von unserem Vorsprung profitieren lassen. Führung, der Begriff allein löst hierzulande noch immer allergische Reaktionen aus, Leserbriefe in großer Zahl gehen in Redaktionen ein, die Artikel zum Thema veröffentlichen und die Empörten fragen, ob wohl am deutschen Wesen wieder die Welt genesen solle.

Das heutige Deutschland ist aber ein Elefant, ein gutmütiger, der seit Jahrzehnten alle Kraft darauf verwendet, sich in das Kostüm einer grauen Maus zu zwängen. Das ist ein großes Problem: Ein großes Land, das sich seiner Macht nicht bewusst ist, wägt seine Entscheidungen nicht adäquat ab. Wenn aber Deutschland an den Steuern dreht, Dutzende Milliarden an Corona-Hilfen ausschüttet, Energiewenden beschließt, Flüchtlinge zu Hunderttausenden aufnimmt, dann bleibt das nicht nur hier, dann ist das keine deutsche Angelegenheit – sondern es ist, was sonst, Weltinnenpolitik, die bis in den hintersten Winkel Europas zu spüren ist.

Um im Bild zu bleiben: Der Elefant, der gar nicht wahrhaben will, dass er einer ist, richtet im Porzellanladen noch weit mehr Unheil an, als der selbstbewusste, der seine schweren Schritte wenigstens gut überlegt setzt. Deutschland fehlt noch Jahrzehnte nach dem Mauerfall der Mut, diese Selbstverständlichkeiten anzuerkennen. Statt Großzügigkeit herrscht der Kleinmut vor.

In neuem europäischem Wohlstand und Wiedervereinigung angekommen, hätten wir uns gewünscht, dass nun bitte einfach alles für immer so bleiben möge in diesem Land, »in dem wir gut und gerne leben«, wie ein Wahlslogan Angela Merkels hieß. Das kann man sich gut auf altweiße Tischläufer gestickt vorstellen, ein Leitsatz für das 21. Jahrhundert ist es nicht.

Wer Gemütlichkeit will, sollte sich nicht um politische Ämter bewerben. Und wer es für die vornehmste Aufgabe des modernen Staates hält, alle möglichen Härten des Lebens abzufedern und zu vergemeinschaften, versteht den Beruf des Politikers falsch. Beim berühmten Max Weber steht darüber alles. Nichts verachtete Weber mehr als Beamte, die sich zu Politikern aufschwingen.

Das ist die Lage: Wir kümmern uns im Politikbetrieb zu viel um Einzelheiten, Kleinigkeiten, administrative Details. Es fehlt der Mut, über die Richtung zu streiten, im Ernst: Darüber, wie es mit unserem kapitalistischen Wirtschaften weitergehen soll. Darüber, ob der sakrosankte Nationalstaat womöglich auf den Müllhaufen der Geschichte gehört. Darüber, was die Digitalisierung mit uns und unseren Kindern macht. Darüber, wie wir einen demokratischen Politikbetrieb organisieren wollen, wenn sich Jungwähler in Scharen vom etablierten System abwenden. Wir müssen wirklich neu nachdenken über das, was man die ›unbequemen Wahrheiten‹ nennt. Und dafür allen Mut zusammennehmen.

Mut und Mutlosigkeit in der Ukrainekrise

Markus Kaim

1. Einleitung

Bundeskanzler Olaf Scholz hatte mit seiner Regierungserklärung in der Sondersitzung des Bundestags zum Ukraine-Krieg am 27. Februar 2022 große Erwartungen geweckt. Seine Ansprache würde danach schlicht die »Zeitenwende-Rede« heißen, denn Scholz stellte an diesem Sonntag nicht weniger als einen sicherheitspolitischen Paradigmenwechsel in Aussicht:

> »Wir erleben eine Zeitenwende. Und das bedeutet: Die Welt danach ist nicht mehr dieselbe wie die Welt davor. Im Kern geht es um die Frage, ob Macht das Recht brechen darf, ob wir es Putin gestatten, die Uhren zurückzudrehen in die Zeit der Großmächte des 19. Jahrhunderts, oder ob wir die Kraft aufbringen, Kriegstreibern wie Putin Grenzen zu setzen.«[1]

Er leitete aus dieser knappen Analyse fünf Handlungsnotwendigkeiten ab: Erstens würde Deutschland die Ukraine mit Waffenlieferungen unterstützen. Zweitens würde die EU im Einvernehmen mit den USA umfangreiche Sanktionen gegenüber Russland verhängen, um Präsident Putin von seinem Kriegskurs abzubringen. Drittens sollte die Beistandspflicht innerhalb der NATO politisch akzentuiert und durch eine Fülle von Einzelmaßnahmen militärisch unterfüttert werden. Viertens skizzierte er eine unerwartete finanzielle Initiative für die deutsche Sicherheitspolitik. Dazu gehören das 100 Milliarden Euro umfassende Sondervermögen für die Bundeswehr sowie die (erneute)

---

1 Regierungserklärung von Bundeskanzler Olaf Scholz am 27. Februar 2022: http s://www.bundesregierung.de/breg-de/suche/regierungserklaerung-von-bund eskanzler-olaf-scholz-am-27-februar-2022-2008356.

Selbstverpflichtung der Bundesregierung, zwei Prozent des Bruttoinlandsprodukts für Verteidigung auszugeben, wie es innerhalb der NATO seit dem Jahr 2014 ohnehin bereits vereinbart ist. Schließlich betont er fünftens, dass es weiterhin die Aufgabe der Diplomatie bleibe, Gesprächskanäle offenzuhalten:

>»Putins Krieg bedeutet eine Zäsur, auch für unsere Außenpolitik. So viel Diplomatie wie möglich, ohne naiv zu sein, dieser Anspruch bleibt. Nicht naiv zu sein, das bedeutet aber auch, kein Reden um des Redens willen.«[2]

Das Echo auf diese Rede, deren Elemente der Bundeskanzler lediglich mit einem sehr kleinen Kreis von Politikern seiner Partei bzw. der ihn stützenden Koalition beraten hatte, war überwältigend: Olaf Scholz habe sich wie ein wahrer Kriegskanzler in der Tradition Winston Churchills oder Franklin D. Roosevelts präsentiert, der mit kühlem Kopf und der notwendigen politischen Führungskraft diejenigen Maßnahmen angekündigt habe, die in der veränderten Lage notwendig seien, und mutig einen weitgehenden Bruch mit vielen Scheingewissheiten deutscher Sicherheitspolitik eingeleitet. Entschlossenheit, Aufbruchsgeist und den Mut, ohne Rücksicht auf innenpolitische Zustimmungswerte das Notwendige zu tun, attestierten ihm viele Beobachter:

>»Statt zu warten, bis diese objektiven Notwendigkeiten dann doch wieder in den Mühlen von Verhandlungsdemokratie und Parteidogmen zerlabert werden, macht Scholz an diesem Sonntag Politik per Akklamation. Er führt Deutschland damit heraus aus der selbst gewählten Utopie, die Weltpolitik des zentralen Players der EU könne ewig weiter Moralpolitik bleiben. Die Adoleszenz und die Unmündigkeit sind vorbei. Stets die Amerikaner kritisieren und am Ende hoffen, dass sie es trotzdem richten. Das Land hat endlich auch mental den Bonner Hofgarten verlassen.«[3]

---

2   Ebd.

3   Otto, Ferdinand: Das Ende der Unmündigkeit. Oft kam die Regierung in der Russlandkrise einen Schritt zu spät. Jetzt hält Olaf Scholz eine revolutionäre Rede und führt das Land außenpolitisch auf die Höhe der Zeit, Zeit Online, 27.02.2022: https://www.zeit.de/politik/deutschland/2022-02/olaf-scholz-rede -regierungserklaerung-russland-ukraine.

Nur wenige Wochen später hatte sich in der deutschen Öffentlichkeit das Blatt gewendet. So kraftvoll und mutig die Erklärung vom 27. Februar erschienen war, so eindeutig erfuhr die Fernsehansprache von Bundeskanzler Scholz am 08. Mai 2022 zum Jahrestag des Endes des Zweiten Weltkriegs in einem bemerkenswerten Kontrast dazu ein weitgehend negatives Echo.[4] In seiner Rede sei der Bundeskanzler keinen Zentimeter über die bisherige deutsche Position der ersten Kriegswochen hinausgegangen, die eine Mischung aus Solidarität mit der Ukraine und eigenem In-Deckung-Bleiben sei:

»Der Rede fehlte der nötige Mut.«[5] Von einer »Mutlos-Ansprache« war die Rede: »Bestellt war: eine Ruck-Rede. Doch Kanzler Olaf Scholz lieferte: eine Zauder-Rede, vorbei an dem, was den Deutschen auf der Seele brennt.«[6]

Ein aufmerksamer journalistischer Beobachter konstatierte dabei, dass der Kanzler offenbar die Sorge habe, er könne mit robusten Lieferungen friedensbewegte SPD-Abgeordnete und kriegsskeptische SPD-Wähler verschrecken und verwies auf eine notwendige Voraussetzung politischer Führungskraft bzw. politischer Gefolgschaft:

»Doch mit seinem Hin und Her verprellt er sie – und gleichzeitig auch diejenigen, die sich mehr Unterstützung für die Ukraine wünschen. Scholz verkennt, dass ein Kanzler sich mit einer klaren Entscheidung, egal ob für oder wider, die Unterstützung von Skeptikern sichern kann. Wenn die Menschen Führung bestellen und bekommen, stellen sie

---

4   Fernsehansprache des Bundeskanzlers der Bundesrepublik Deutschland Olaf Scholz, MdB am Jahrestag des Endes des Zweiten Weltkriegs in Europa, 08. Mai 2022: https://www.bundesregierung.de/resource/blob/975232/2037608/883b3e a4c4c65852c8a8da991559c7e4/2022-05-08-bk-ansprache-8-mai-pdf-data.pdf? download=1.

5   Quadbeck, Eva: Deutschland bleibt in Deckung, Redaktionsnetzwerk Deutschland, 08.05.2022: https://www.rnd.de/politik/olaf-scholz-mutlos-in-tv-ansprac he-deutschland-bleibt-in-deckung-KQ7MF2IKFZHC3IKSUTD7H7TYAY.html.

6   Vehlewald, Hans-Jörg/Tiede, Peter: Kanzler Scholz hält Mutlos-Rede an die Nation, BZ, 08.05.2022: https://www.bz-berlin.de/deutschland/kanzler-scholz-ha elt-mutlos-rede-an-die-nation.

sich hinter den Kanzler. Dafür aber braucht es Mut. Vielleicht ist das die fehlende Zutat der Zeitenwende.«[7]

Damit ist das Thema dieser kurzen Betrachtung politisch verortet und mit den tagesaktuellen Entwicklungen verknüpft: Offensichtlich gilt in der Politik ›mutiges Handeln‹ in krisenhaften Zeiten als Notwendigkeit und Tugend zugleich. Zugleich scheint die Zuweisung des Mutes jedoch flüchtig und die Kriterien für dieses Verhalten nicht konsistent. Eine Fülle von Fragen türmt sich daher in diesem Kontext auf: Was macht denn Mut in der Politik bzw. spezifisch der Außenpolitik aus? Lassen sich objektive Kriterien angeben, mit denen sich politisches Handeln oder auch Nicht-Handeln als ›mutig‹ oder ›mutlos‹ kategorisieren lassen? Wer ist Träger des ›Mutes‹? Welche historischen Bilder und politikwissenschaftlichen Annahmen liegen derartigen Überlegungen zugrunde? Und schließlich: Wie soll man die deutsche Politik angesichts des russischen Angriffs auf die Ukraine am 24. Februar 2022 in dieser Hinsicht bewerten?

Bevor ich einige Antworten auf diese Fragen entwickeln möchte, sind zwei Vorbemerkungen geboten:

Erstens handelt es sich bei diesem Thema zum Zeitpunkt der Abfassung dieses Aufsatzes (Februar 2023) um ein ›moving target‹. Der Krieg geht in sein zweites Jahr und ein Waffenstillstand, geschweige denn eine umfassende politische Friedensregelung ist nicht in Sicht. Genauso wenig wie der Krieg vorbei ist, handelt es sich bei der deutschen Politik gegenüber diesem Konflikt um einen in sich abgeschlossenen Untersuchungsgegenstand. Zwar ist die Regierung Scholz trittsicherer im Umgang mit dem Krieg als noch vor einem Jahr. Doch ist es nach wie vor schwer, zentrale Prämissen zu identifizieren, die deren ›Kriegspolitik‹ seit dem Februar 2022 kohärent anleiten würden. Aus nachvollziehbaren Gründen muss vieles reaktiv bleiben und erscheint nicht zwingend stringent. Viele Eindrücke müssen daher vorläufig bleiben und vor allem bemisst sich das, was wir ›mutig‹ oder ›mutlos‹ nennen, nicht zuletzt am erzielten, d.h. dem (erfolgreich erreichten) politischen Endzustand – Mut wird auch vom Ende her gedacht: Ein Feldherr oder Politi-

---

7   Eichhorn, Moritz: Waffen für die Ukraine. Scholz' Countdown und die fehlende Zutat der Zeitenwende, in: Berliner Zeitung, 01.06.2022: https://www.berliner-zeitung.de/politik-gesellschaft/waffen-fuer-kiew-scholz-countdown-trick-und-die-fehlende-zutat-der-zeitenwende-li.232162.

ker, der zwar kühn gehandelt hat, aber erfolglos geblieben ist, wird voraussichtlich nicht als mutig in Erinnerung bleiben.

Zweitens fokussiert dieser Aufsatz auf die deutsche Politik – wohl wissend, dass diese eigentlich nicht isoliert von der Politik der EU, der NATO und der USA in diesem Konflikt betrachtet werden kann. So sind z.B. zwei Leitlinien in der Frage von Waffenlieferungen, für die der Bundeskanzler viel Kritik eingesteckt hat, im Kern Vereinbarungen unter all denjenigen Ländern, die Waffen an Kiew liefern, nämlich zum einen die Entscheidung, ›im Gleichschritt‹ vorzugehen, um zu verhindern, dass ein einzelnes Land in den politischen oder militärischen Fokus Russlands gerät, und zum anderen die Vereinbarung, inkrementell vorzugehen, d.h. nach der Entscheidung über die Lieferung eines bestimmten Waffensystems an Kiew innezuhalten, um die Reaktion Russlands abzuschätzen und eine Ausweitung des Krieges auf die Lieferländer zu vermeiden.[8] Richtigerweise müsste man daher nach dem Mut bzw. der Mutlosigkeit des Westens fragen. Zwar werden einige Querverweise auf die Politik anderer Akteure erfolgen, aber eine systematische Betrachtung ist in diesem Rahmen nicht möglich.

2. Mut in der Politik – Versuch einer begrifflichen Verortung

Sucht man in den einschlägigen wissenschaftlichen Nachschlagewerken nach Literatur zum Begriff bzw. zum Konzept des politischen Mutes, so sind die Ergebnisse wenig befriedigend. Zwar tragen zahlreiche Buchtitel den Begriff des Mutes im Titel, in der Regel jedoch vorwiegend mit appellativem Charakter. Die Autoren, häufig ehemalige oder auch noch aktive Politiker außerhalb exekutiver Verantwortung, möchten mit der Verwendung unterstreichen, dass es aus ihrer Sicht Zeit für ein alternatives politisches Angebot sei bzw. dass dieses von ihnen nunmehr aufgezeigt werde. Eine konzeptionelle Beschäftigung mit dem Begriff des Mutes erfolgt dabei in der Regel nicht.[9]

---

8   Vgl. zu diesem Ansatz O'Hanlon, Michael: The Time for Incrementalism in Ukraine is Over. Send in the Tanks, in: Washington Post v. 16.01.2023.

9   Vgl. beispielhaft Gabriel, Sigmar: Mehr Mut! Aufbruch in ein neues Jahrzehnt, Freiburg 2020; Schulze, Katharina: Mut geben, statt Angst machen. Politik für eine neue Zeit. München 2020; Fuchs, Anke: Mut zur Macht. Selbsterfahrung in

Mut ist im Kontext der Politik also erst einmal kein wissenschaftlicher Fachbegriff, sondern Teil des umgangssprachlichen politischen
Diskurses. Auch wenn der Begriff inhaltlich zunächst einmal leer ist – er
gewinnt erst Kontur, sofern ergänzt wird, wozu der Mut dienen soll,
wird er wird oft synonym zu einem angestrebten oder erwarteten Aufbruch, einem konkreten Neubeginn oder einem Paradigmenwechsel
verwendet. Damit dient Mut (wie gleichermaßen der Begriff der politischen ›Visionen‹) zumeist als Gegenbegriff zu Vorstellungen des
politischen Stillstands, der Beharrung, der Verkrustung und der Ver-
waltung des Bestehenden, zumindest aber einer als (zu) pragmatisch
und ambitionslos empfundenen Politik. Im umgangssprachlichen Sinn
kann sich Mut allgemein auf ›die Politik‹, wie auch auf einzelne, durch
ihr Amt exponierte Personen beziehen.

Dabei ist der Ruf des Mutes in der *res publica* zumindest ambivalent,
wie der Soziologe Wolfgang Sofsky schön herausgearbeitet hat. Alle fordern ihn, doch unterläuft er die gängigen Mechanismen der Mehrheits-
bildung und des Machterhalts.

»Auf dem Weg zu Reichtum, Macht oder Bekanntheit sind Wahr-
heitsliebe, Gerechtigkeit oder gar Tapferkeit eher Stolpersteine. Ein
Publizist, der ab und zu der Mehrheitsmeinung widerspricht, gilt bereits als kühner Freigeist. Eigenwillige Vorschläge jenseits der Partei-
oder Fraktionsdisziplin zählen schon als verwegene Vorstöße. Von Mi-
nistern und Präsidenten wird zwar fortwährend ›Mut zu unpopulären
Entscheidungen‹ gefordert. Aber wenn die selbstverständliche Erfüllung der Amtspflichten bereits als Beweis politischer Courage gilt, ist
der Verfall der Tugend längst besiegelt. So sind die Ansprüche gering,
und echter Wagemut erscheint verdächtig. Der Courage haftet der
Geruch der Torheit und Tollheit an.«[10]

Sofsky macht noch auf einen weiteren, eher anthropologischen Aspekt
der politischen Tapferkeit aufmerksam, der bereits angeklungen ist:

---

der Politik, München 1993; Hamm-Brücher, Hildegard: Mut zur Politik, Göttingen, 1993; dies.: Mut zur Politik, weil ich die Menschen liebe, München 1981.

10   Sofsky, Wolfgang: Mut – Vom Verfall einer Tugend. Polemische Anmerkun-
gen: https://brennstoff.com/wp-content/uploads/2017/04/Brennstoff_1_EROS_
ROSE.pdf.

»Mut ist zuerst Handlungsmut. ›Mutige‹ Urteile allein kosten nichts. Sie erfordern nur Urteilskraft, keine Kühnheit. Der Mutige hingegen trotzt seiner Angst, widersteht dem Konformismus und dem politischen Gegner. Nur Courage verhilft dem Menschen dazu, überhaupt klug und gerecht zu sein. In seinen Handlungen zeigt der Mensch, wer er ist. [...] Das angestammte Feld des Schneids war seit je das des Krieges. Die Kraft, die Todesangst zu überwinden, und der Wille, sein Leben zu riskieren, zeigen sich nirgendwo deutlicher als angesichts vieler Todfeinde. Tapferkeit war die höchste Tugend des Waffenträgers.«[11]

In entsprechender Ableitung sind die wenigen Verweise auf Mut in außenpolitischen Kontext wenig erhellend. In schöner Regelmäßigkeit wird, gerade zu Beginn einer Legislaturperiode, mehr Mut gefordert oder versprochen, wahlweise in Fragen wertebasierter[12], feministischer[13] oder europäischer[14] Außenpolitik. Er kann in seltenen Fällen aber auch als Kriterium für die Beurteilung des außenpolitischen Personals herangezogen werden – die in diesem Zusammenhang sprachlich mit Abstand schönste Wendung gebührt dem *Handelsblatt*, das unter dem Titel »*Mehr Mut, weniger Maas*« den damaligen Außenminister Heiko Maas an den Pranger stellte.[15]

---

11   Ebd.

12   »Werte und Interessen sind kein Gegensatz«. Außenministerin Annalena Baerbock im Interview mit der Wochenzeitung Die Zeit: https://www.auswaertiges-amt.de/de/newsroom/-/2502928.

13   Nüsse, Andrea: Aufbruch allerorten: Mut zu »feministischer« Außenpolitik! Schweden macht es vor: Geschlechtergerechte Kriterien sichern Frieden und Nachhaltigkeit. Annalena Baerbock könnte dies zu ihrem Projekt machen, in Tagesspiegel, 26.11.2021.

14   Maas, Heiko: Europa braucht Mut, Ehrgeiz und außenpolitischen Gestaltungswillen!, 13.06.2018: https://www.auswaertiges-amt.de/de/aussenpolitik/europ a/maas-europa-europe-united/2106896.

15   Wermke, Isabelle: Mehr Mut, weniger Maas: Die nächste Regierung muss Gewaltherrscher härter sanktionieren, Handelsblatt. 06.10.2021: https://www. handelsblatt.com/meinung/kommentare/kommentar-mehr-mut-weniger-ma as-die-naechste-regierung-muss-gewaltherrscher-haerter-sanktionieren/2766 6704.html.

Staatstragend hingegen schlug Bundespräsident Steinmeier in seiner Antrittsrede den Bogen vom Mut in der Außenpolitik zur Demokratie:

»Wir navigieren in unbekannten Gewässern; ob wir nach Osten oder Westen schauen: Wir steuern zu auf unkartiertes Gelände. Oftmals werden wir Antwort geben müssen, ohne uns an andere anlehnen zu können. Das verlangt Selbstbewusstsein. Aber noch viel mehr verlangt es Mut! Mut nach vorn in Richtung Zukunft zu denken – nicht darauf zu hoffen, die Antworten in der Vergangenheit zu finden. Mut, unsere Geschicke selbst in die Hand zu nehmen – ohne Monarch oder ›großen Bruder‹ oder selbst ernannte ›starke Männer‹. Mut ist das Lebenselixier der Demokratie – so wie die Angst der Antrieb von Diktatur und Autokratien ist. Deshalb: Die Staatsform der Mutigen – das ist die Demokratie!«[16]

3. Die Rolle von Persönlichkeit in der Politik

Auch wenn, wie angedeutet, der Träger des Mutes in öffentlichen Debatten häufig unbestimmt bleibt, so verweisen doch die meisten Äußerungen auf individuelle Politiker. Das verwundert insofern nicht, denn wir nehmen das Politische wesentlich über die handelnden Personen wahr, d.h. in der Regel über das exekutive wie legislative Führungspersonal. Damit öffnet die Frage nach dem außenpolitischen Mut in der Ukrainekrise die Sicht auf ein breites Forschungsfeld der Politikwissenschaft, nämlich die Rolle der individuellen Persönlichkeit in spezifischen politischen Entscheidungssituationen.

In der traditionellen Geschichtswissenschaft wurde die Geschichte nicht zuletzt als eine Abfolge von Taten ›großer Männer‹ erzählt. Annahme war dabei, dass einzelne berühmte, zuweilen auch berüchtigte Führungspersönlichkeiten den Lauf der Ereignisse vorantrieben und die wesentlichen politischen Weichenstellungen vornähmen. Doch mit veränderten wissenschaftlichen Prämissen ist diese Perspektive mittlerweile obsolet geworden. So sind die Sozialwissenschaften dazu

---

16   Ansprache von Bundespräsident Dr. Frank-Walter Steinmeier in der Gemeinsamen Sitzung von Bundestag und Bundesrat zur Eidesleistung des Bundespräsidenten, 22. März 2017: https://www.bundesregierung.de/breg-de/service/bulletin/ansprache-von-bundespraesident-dr-frank-walter-steinmeier-802148

übergegangen, den Verlauf der Geschichte vor allem als Folge um-
fassender struktureller Kräfte zu erzählen, z.b. als Kalkül nationaler
Interessen, als Wirkmacht multilateraler Bindungen, als Zwänge auf
Grund wirtschaftlicher Verflechtungen oder als Ableitung ideologischer
Strömungen. Führungspersönlichkeiten werden in diesen Erklärungen
vor allem als Vehikel für andere, wichtigere Faktoren angesehen, ihre
Persönlichkeiten und Vorlieben sind im Wesentlichen irrelevant. Was
zählt, sind nicht große Männer oder Frauen, sondern große Kräfte.[17]
Auch die Frage nach dem individuellen Mut von außenpolitischen
Entscheidern berührt diese paradigmatische Frage der Politik und der
Geschichtswissenschaft: Welche Faktoren bestimmen das Regierungshandeln stärker: Ist es die individuelle Persönlichkeit des Präsidenten
oder der Kanzlerin, die weitgehend dafür verantwortlich ist, dass in einer spezifischen politischen Situation eine bestimmte Entscheidung getroffen worden ist, z.B. zugunsten der Westbindung der jungen Bundesrepublik, zugunsten der Entspannungspolitik der 1970er Jahre, zugunsten der deutschen Einheit oder zugunsten der NATO-Osterweiterung,
um nur einige wenige Beispiele zu nennen. Oder sind es vor allem die
existierenden politischen, ökonomischen und militärischen Strukturen,
in denen die Akteure sich bewegen, die spezifische Entscheidungen de-
terminieren?

Zudem ließe sich aus politikwissenschaftlicher Sicht fragen, ob das
deutsche Regierungssystem mit seinen Koalitionsregierungen, den sich
daraus ergebenden Zwängen zum Kompromiss und dem ihm eigenen
Drang zur politischen Mitte überhaupt eine angemessene Bühne für
politischen Mut bietet, denn persönliche Charaktereigenschaften sind
umso bedeutender, je größer die Machtfülle einer Führungspersönlich-
keit ist.[18] Zu Recht widmet sich die diesbezügliche Forschung daher
eher präsidentiellen als parlamentarischen Regierungssystemen. In
welchem Sinne z.B. die gewaltigen außen- und sicherheitspolitischen
Kompetenzen des amerikanischen Präsidenten genutzt werden, hängt

---

17   Vgl. zu dieser Entwicklung ausführlich Byman, Daniel/Pollack, Kenneth M.:
      Beyond Great Forces. How Individuals Still Shape History, in: Foreign Affairs
      98(2019), Nr. 6, S.148–160; dies.: Let Us Now Praise Great Men. Bringing the
      Statesman Back In, in: International Security, 25 (2001), Nr. 4, S.107–146.

18   Siehe dazu Hellmann, Gunther/Wagner, Wolfgang/Baumann, Rainer: Individu-
      en und Außenpolitik, in: dies. (Hg.): Deutsche Außenpolitik, Wiesbaden 2014,
      S. 115–136 (S. 123).

dann eben doch stark am Amtsinhaber, wie gerade die deutsche Politik
während der Amtszeit von Donald Trump zu spüren bekommen hat. Das
Grundgesetz weist dem Kanzler zwar die Richtlinienkompetenz für die
Politik der Bundesregierung zu, aber diese stößt in der Wirklichkeit immer wieder auf die Machtverschränkungen und Kontrollinstanzen des
bundesrepublikanischen Entscheidungssystems. Die Richtlinienkompetenz folgt den Prinzipien hierarchischer Führung; in demokratischen
Kontexten ist diese aber kaum durchsetzbar. In dieser Hinsicht ist die
Richtlinienkompetenz in der Praxis weitgehend bedeutungslos.[19]

Letztlich dominiert heute die Annahme, dass es sich um ein Wech-
selspiel von Person und Struktur handelt, was die jüngere Forschung in
den Mittelpunkt stellt:

> »[...] dann tritt das Individuum als ein Akteur hervor, der durch Institu-
> tionen gebunden ist – diese aber auch selbst personifiziert, mit Leben
> füllt und verändert: als ein Akteur, der durch gesellschaftliche Ideen
> geprägt ist – diese aber auch selbst wesentlich mitgestaltet; als ein
> Akteur, der gerade auch in der Durchsetzung von Ideen und Inhalten
> vielfältige Interessen mit einbeziehen muss – dabei aber auch sein ei-
> genes Interesse verfolgt und einbringt.«[20]

4. Die Frage des außenpolitischen Mutes in der Ukrainekrise

Lässt sich man nach dem Gesagten auf die Perspektive ein, dass der Bundesregierung trotz struktureller Zwänge individuelle Handlungsspiel-
räume verblieben, eine ›mutige‹ und eine ›zögerliche‹ Politik in dieser

---

19   Vgl. Schütt-Wetschky, Eberhard: Richtlinienkompetenz des Bundeskanzlers, de-
      mokratische Führung und Parteiendemokratie. Teil I: Richtlinienkompetenz als
      Fremdkörper in der Parteiendemokratie, in: Zeitschrift für Politikwissenschaft
      13(2003), Nr. 4, S. 1897–1932. Siehe auch Müller, Reinhard: Machtwörtchen. Die
      Richtlinienkompetenz des Bundeskanzlers, in: FAZ v. 19.10.2022.

20   Fröhlich, Manuel: Persönlichkeit und Politik: Zum Zusammenhang zwischen
      Ideen, Institutionen, Interessen- und Individuen, in: ders. (Hg.): Persönlichkeit
      und Politik. Zugänge und Fallstudien zur individuellen Dimension des Politi-
      schen (Veröffentlichungen der Deutschen Gesellschaft für Politikwissenschaft,
      Bd. 37), Baden-Baden 2022, S. 11–23 (S. 15). Vgl. auch Wivel, Anders/Howard
      Grøn, Caroline: Charismatic Leadership in Foreign Policy, in: International Af-
      fairs 97 (2021), Nr. 2, S. 365–383.

Krise einzuschlagen, stellt sich die Frage, was denn Kennzeichen dieses Mutes gewesen sein könnten. Hilfreich sind hier gängige Definitionen des Begriffs, denen zufolge es sich um die Fähigkeit handelt, in einer gefährlichen, riskanten Situation seine Angst zu überwinden; um Furchtlosigkeit angesichts einer Situation, in der man Angst haben könnte. Politisch interessanter ist die zweite Dimension, nämlich die grundsätzliche Bereitschaft, angesichts möglicherweise zu erwartender Nachteile dennoch etwas zu tun, was man für richtig hält. Hier scheint der Kern des Politischen auf – die Perspektive des Risikos; die Notwendigkeit politischer Führungskraft; politisches Kapital, dass investiert werden muss und schließlich die Bereitschaft, die sich ergebenden politischen Kosten zu tragen. Mehrere Dimensionen des politischen Mutes in der Ukrainekrise ließen sich unterscheiden:

5. Mut zum politischen Aufbruch

Der russische Angriff auf die Ukraine bedeutet zuvorderst, dass wir das Ende einer Fülle von Leitsätzen bzw. Gewissheiten der deutschen Sicherheitspolitik erleben. Diese stellten über Jahrzehnte eine Art politisches Gerüst dar, an dem sich Bundesregierungen verschiedenster Couleur orientiert haben. ›Europäische Sicherheit kann nur gemeinsam mit Russland organisiert werden‹, ›Deutschland wird niemals Waffen in Krisengebiete liefern‹, ›Deutschland ist ausschließlich von Freunden umgeben‹ oder ›Wandel durch Handel‹ sind nur vier Beispiele solcher in Schlagworten geronnener politischer Prämissen. Darüber hinaus markiert der massive Angriff auf die Souveränität eines Landes mitten in Europa, auf seine Bürgerinnen und Bürger und ihre demokratischen Institutionen, und damit generell auf die freie und offene Gesellschaft als Modell des Zusammenlebens eine Zäsur und verändert den normativen Bezugsrahmen der deutschen Sicherheitspolitik. Die Charta von Paris von 1990 mit ihren Prinzipien – Zusammenarbeit zwischen den Völkern, friedliche Beilegung von Streitfällen, Schutz der territorialen Integrität und politischen Unabhängigkeit eines Staates, freie Bündniswahl, Nicht-Anwendung militärischer Gewalt – gilt nur noch begrenzt und konkurriert mit den imperial-autoritären Ordnungsvorstelllungen Russlands.[21] Bislang sind die ersten Versuche, dieses konzeptionelle Vakuum zu füllen, halbherzig und unterreflektiert erfolgt, wenn z.b. Entscheidungsträger in jüngster Zeit von einer »Führungsrolle« Deutschlands sprechen.[22] Und in anderen Sachfragen, wie der deutschen China-Politik scheinen einzelne der genannten Prämissen weiter fortzuleben.[23] Es ist ein Zufall, aber ein glücklicher, dass die Bundesregierung sich bereits im Koalitionsvertrag vom Dezember 2021 darauf verständigt hatte, eine Nationale Sicherheitsstrategie für die Bundesrepublik zu verfassen, die im Jahr 2023 vorgelegt werden soll. Sie bietet die Gelegenheit, die vor Deutschland liegenden sicherheitspolitischen Veränderungen zu vermessen und konzeptionell neue Prioritäten zu setzen.

6. Mut zur Anpassung an die veränderte internationale Ordnung

Deutsche sicherheitspolitische Interessen müssen seit dem 24. Februar 2022 nicht neu oder anders definiert werden als dies existierende Leitdokumente, z.b. das sicherheitspolitische Weißbuch aus dem Jahr 2006, bereits geleistet haben. Der Schutz der politischen Souveränität, der wirtschaftlichen Prosperität und der territorialen Integrität Deutschlands werden auch weiterhin Ziele deutscher Sicherheitspolitik bleiben. Die Frage ist, wie diese nunmehr in einem fundamental veränderten Umfeld verfolgt werden können und welches die dafür notwendigen politischen, militärischen, finanziellen und institutionellen Ressourcen sind.

---

21   Vgl. Blumenau, Bernhard: Breaking with Convention? Zeitenwende and the Traditional Pillars of German Foreign Policy, in: International Affairs 98(2022), Nr.6, S. 1895–1913.

22   Vgl. die entsprechenden Äußerungen der damaligen Verteidigungsministerin, in: Bundesministerium der Verteidigung (Hg.): »Grundsatzrede zur Sicherheitsstrategie: Streitkräfte wieder in den Fokus rücken« am 13.09.2022: https://www .bmvg.de/de/aktuelles/grundsatzrede-zur-sicherheitsstrategie-5494864.

23   Vgl. Benner, Thorsten: Gretchenfrage Verflechtung. Deutschland muss der Interdependenzreligion abschwören und aus den Erfahrungen mit Russland seine Lehren für China ziehen, in: Internationale Politik 77(2022), Nr.6, S. 58–63.

Die zentrale Determinante, die alle Bereiche der deutschen Sicherheitspolitik für einen nicht absehbaren Zeitraum gleichermaßen vor neue Herausforderungen stellt, ist die endgültige Transformation der internationalen Ordnung. Diese wird illustriert durch die veränderte Machtverteilung im internationalen System, das trotz der herausgehobenen militärischen Fähigkeiten der USA mehr und mehr Elemente einer multipolaren Ordnung trägt. Dies lässt sich aber auch am veränderten Ordnungsanspruch anderer Staaten ablesen, Einfluss- und Interessenssphären zu definieren, exklusiv zu gestalten und ggf. auszuweiten. Die dritte Facette dieser Transformation ist der Wandel von Handlungsprinzipien in der internationalen Politik: Galten im internationalen System (zumindest für den euro-atlantischen Raum) seit 1990 vor allem Prinzipien wie »Kooperation«, »Werte« und »Recht«, ersetzen nunmehr außenpolitische Konzeptionen diese, die auf »Raum«, »Macht« und »historischen Ansprüchen« gründen, ohne diese vollständig abzulösen.[24]

Wichtigste Aufgabe deutscher Sicherheitspolitik bleibt es vor diesem Hintergrund, die Europäische Union als internationale Ordnungsmacht handlungsfähig zu machen. Denn weder die USA noch andere Akteure bieten auf Dauer die Gewähr für eine konsequent multilaterale Ordnungspolitik nach deutschem und europäischem Verständnis.

7. Mut zu Investitionen

Im Kontext der »Zeitenwende« genießen sicherheitspolitische Anliegen derzeit große Priorität. Entsprechende politische Zusagen und finanzielle Festlegungen, z.b. das zur Stärkung der Bundeswehr geplante Sondervermögen in Höhe von 100 Mrd. Euro illustrieren dies. Die dazu notwendige Änderung des Grundgesetzes soll ermöglichen, die Streitkräfte besser auszurüsten. So ist z.b. die Anschaffung moderner F-35-Kampfjets, neuer Korvetten für die Marine sowie von Nachfolgern für den Schützenpanzer Marder und den Truppentransporter Fuchs geplant. Die Umsetzung der angestrebten Modernisierung der Bundeswehr mithilfe des Sondervermögens kommt jedoch nicht zügig voran. Bis zum Oktober 2022 gab es im Ministerium noch keine abgestimmte

---

24   Maull, Hanns W.: Die internationale Ordnung: Bestandsaufnahme und Ausblick, in: SIRIUS – Zeitschrift für Strategische Analysen 4(2020), Nr.1, S. 3–23.

Liste mit konkreten Projekten, die aus dem Sondervermögen finanziert werden sollen. Denn die Ansichten gehen offenbar auseinander, wie moderne Streitkräfte aussehen sollen und was dafür beschafft werden muss. Zweifelhaft erscheint zudem, ob das Budget von 100 Milliarden Euro ausreichen wird, um alle Wünsche der Bundeswehr zu erfüllen.[25] Damit steht die Frage im Raum, ob und wie die aktuelle Zustimmung zu diesen gewaltigen Investitionen langfristig erhalten und in strategisch relevante militärische Fähigkeiten umgesetzt werden kann. Denn angesichts der erkennbaren Rezessionsängste, dauerhaft hoher Energiepreise, der Wirkung der Schuldenbremse und eines möglichen Endes des russisch-ukrainischen Krieges könnten sich die politischen Prioritäten schnell wieder verschieben. Deutsche Sicherheitspolitik muss daher das Machbare vom Möglichen unterscheiden und Prioritäten setzen.

8. Mut zum institutionellen Wandel

Der russisch-ukrainische Krieg ist zum Zeitpunkt der Abfassung dieses Beitrages noch nicht beendet, sicher ist aber bereits, dass er viele Verlierer kennen wird – im politischen, militärischen, finanziellen und physischen Sinn. Es wird jedoch auch einige Gewinner geben – die NATO ist einer davon. Das transatlantische Bündnis erlebt derzeit eine gewaltige Renaissance. Denn der Krieg in der Ukraine hat die politische Aufmerksamkeit der europäischen Gesellschaften wie die Washingtons gleichermaßen wieder auf die Grundfragen europäischer Sicherheit gelenkt, wie dies wohl seit den 1990er Jahren nicht mehr der Fall war.

Die USA sind unter Präsident Biden ihren sicherheitspolitischen Verpflichtungen in und für Europa ohne Zögern nachgekommen und haben ihre Rolle als ›europäische Macht‹ kraftvoll unterstrichen. Seit dem Februar 2022 hat die Biden-Administration Kiew mit massiven Waffenlieferungen unterstützt, den Westen auf Wirtschaftssanktionen nie dagewesenen Umfangs eingeschworen und ihre Truppenpräsenz in

---

25   Vgl. Pistorius, Boris: »Ich habe richtig Bock auf den Job«, Interview in der Süddeutschen Zeitung v. 28.01.2023 sowie Dorn, Florian/Potrafke, Niklas/Schlepper, Marcel. Zeitenwende in der Verteidigungspolitik? 100 Mrd. Euro Sondervermögen für die Bundeswehr – (k)ein großer Wurf (ifo Schnelldienst – Sonderausgabe April 2022), München 2022, S. 37–45.

Europa ausgebaut. Insgesamt haben die USA seit dem 24. Februar die Zahl ihrer Soldaten in Europa um rund 20.000 auf mehr als 100.000 erhöht. Zudem hat der US-Kongress bis Ende Oktober 2022 finanzielle Hilfen an die Ukraine in einer Gesamthöhe von 54 Mrd. Dollar bereitgestellt.[26]

Auch die Bundesregierung hat mit ihren Entscheidungen im Kontext der »Zeitenwende« eine klare Positionierung an der Seite der Regierung Biden vorgenommen, die nicht zwingend zu erwarten gewesen war. Folgte die Regierung Merkel in der Sicherheitspolitik dem etwas diffusen Paradigma »Europäischer werden, um transatlantisch zu bleiben«, so ließ Bundeskanzler Scholz keinen Zweifel daran aufkommen, dass der Umgang mit der Krise nur in einem engen Schulterschluss mit Washington erfolgen könne. Seine Politik, nur diejenigen Waffensysteme an die Ukraine zu liefern, zu deren Lieferung auch Washington bereit sei, illustriert diesen Punkt beispielhaft.[27] Diese uneingeschränkte transatlantische Färbung der deutschen Sicherheitspolitik ist ein direktes Ergebnis des russischen Kriegs gegen die Ukraine und der amerikanischen Reaktion darauf.

Doch das Engagement der Regierung Biden zugunsten der Ukraine und der europäischen Sicherheit könnte letztlich nur eine Momentaufnahme sein, über die man sich in den Hauptstädten Europas zwar freuen darf, die man jedoch nicht als Grundlage der eigenen strategischen Planungen heranziehen sollte. Denn wenn auch die Unterstützung der Regierung Biden für die Ukraine in einer kurzfristigen Perspektive nicht nachlassen wird, wird Washington das derzeitige Niveau des diplomatischen Engagements, der Truppenentsendungen und der Ressourcenausstattung für Europa angesichts anderer Prioritäten langfristig nicht aufrechterhalten wollen.[28]

---

26   Vgl. Arabia, Christina L./Bowen, Andrew S.: U.S. Security Assistance to Ukraine (CRS In Focus), Washington 2022.

27   Vgl. Brössler, Daniel/Krüger, Paul-Anton/Szymanski, Mike: Im Reinen mit sich und Joe Biden, Süddeutsche Zeitung, 17.09.2022.

28   Vgl. Kaim, Markus/Kempin, Ronja: Die sicherheitspolitische Autonomie Europas und der hegemoniale Schatten der NATO, in: Hansen, Stefan/Husieva, Olha/Frankenthal, Kira (Hg.): Russlands Angriffskrieg gegen die Ukraine. Zeitenwende für die deutsche Sicherheitspolitik, Baden-Baden 2023, S. 305–317.

9. Fazit

Es erscheint unzweifelhaft, dass zu Beginn der deutschen Politik in und gegenüber dem Krieg in der Ukraine außenpolitischer Mut im Sinne eines politischen Aufbruchs anzutreffen war. Viele Gewissheiten deutscher Außenpolitik – und einer Reihe anderer Politikbereiche, die hier nicht thematisiert werden können, z. b. die der deutschen Energiepolitik – waren in kürzester Zeit hinfällig und erforderten eine weitgehende strategische Neuorientierung. Im Gegensatz zur deutschen Energiepolitik, die mit dem Ausstieg aus fossilen Energieträgern und dem Erreichen der Klimaneutralität aber über eine in sich geschlossene, positiv konnotierte Ordnungsvorstellung verfügt, die über Partei- wie Legislaturgrenzen für eine Art von strategischem Kompass sorgt, fehlt der deutschen Sicherheitspolitik jedoch diese normative Festlegung und ein entsprechendes neues geopolitisches Narrativ.

Dies gibt denjenigen politischen Kräften Aufwind, die für eine ›Restauration‹ eines traditionellen Wegs deutscher Außenpolitik plädieren. So droht ein Jahr nach dem russischen Angriff auf die Ukraine die Rückkehr früherer Präferenzen, eingeübter Narrative und tradierter Pfadabhängigkeiten: Der Nutzen des Sondervermögens für die Bundeswehr wird bereits hinterfragt, alternative Verwendungsmöglichkeiten für die 100 Mrd. Euro werden offen gefordert, die Verbindlichkeit des 2 %-Ziels angezweifelt und angemahnt, dass es nach einem Jahr Krieg nunmehr Zeit sei, dass der Westen sich mit Russland einige.[29] Der erkennbare Mut des Februar 2022 scheint in den Mühlen des parlamentarischen Regierungsbetriebs klein gemahlen und seine Umsetzung bürokratisch verschleppt zu werden. Es dominieren mittlerweile wieder die streng regulierten Abläufe des politischen Alltags und eine Art verwalteter Mutlosigkeit.[30]

Diese Sicht offenbart vielleicht die größte Schwäche des Ansatzes deutscher Politik, nämlich dass er seit Februar 2022 stets auf die Ereignisse auf dem Schlachtfeld reagiert hat, anstatt zu versuchen, diese politisch zu gestalten. Das vorsichtige, schrittweise Vorgehen der Regierung

---

29   Vgl. beispielhaft Freidel, Morten/Schuller, Konrad: Krieg und Frieden in der SPD, in: Frankfurter Allgemeine Sonntagszeitung v. 26.02.2023.

30   Vgl. Matlé, Aylin: Von Bremsern und Bürokraten, in: Internationale Politik Special Nr. 02/23 – »Zeitenwende«, S. 14–19.

Scholz hat der Ukraine zwar dabei geholfen, Schwachstellen zu beheben, aber es hat nicht dazu beigetragen, eine umfassende Strategie zur Beendigung des Krieges zu formulieren oder die Kapazitäten zu definieren, die dafür benötigt werden. In taktischer Hinsicht war die deutsche Politik in dieser Hinsicht passabel, aber in strategischer Hinsicht ist die Planung defizitär. Zielte die deutsche Politik z.b. auf eine militärische Niederlage Russlands, die den Abzug aus den seit 2022 besetzten ukrainischen Gebieten zur Folge hätte, würde das völlig andere Anforderungen zur Folge haben als das Ziel, ein militärisches Patt zwischen den Konfliktparteien in der Hoffnung herzustellen, auf diesem Wege einer Friedensregelung den Weg zu bereiten.

Nicht ihre Zögerlichkeit ist das Hauptproblem der deutschen Ukraine-Politik, sondern ihre strategische Unbestimmtheit. Wer nicht angeben kann, was er mit seiner Politik erreichen oder verhindern möchte, verfügt nicht über Kriterien, um die Wirksamkeit und Angemessenheit der eigenen Politik zu begründen und zu bewerten. Weite Teile der deutschen Politik geben vor, über den Krieg in der Ukraine zu sprechen. Tatsächlich sprechen sie aber vor allem über die deutschen Befindlichkeiten und Begrenzungen. Das darf man durchaus tun, aber man darf dies nicht mit einer strategischen Diskussion über Waffenlieferungen an die Ukraine verwechseln. Dazu braucht es plausible Ziele und nachvollziehbare Kriterien.[31]

Und auch im Sinne der angesprochenen ›großen Kräfte‹ sind Zweifel am Mut des Bundeskanzlers oder der Bundesregierung zulässig. Angesichts der politischen Alternativlosigkeit durch den multilateralen Handlungsdruck in den westlichen Sicherheitsorganisationen scheint es in dieser Hinsicht von eher untergeordneter Bedeutung, dass im Februar 2022 der Bundeskanzler Olaf Scholz hieß und dass er eine Koalition aus SPD, FDP und Bündnis 90/Die Grünen anführte. Stattdessen wären Faktoren wie die außenpolitische Verankerung der Bundesrepublik in NATO und EU, die Verpflichtung Deutschlands auf die Prinzipien der Charta von Paris und der Druck, die verfehlte Russland-Politik der letzten Jahre durch eine »Zeitenwende« kompensieren zu müssen, handlungsleitend gewesen. Jeder andere Kanzler hätte in dieser Situation demzufolge ähnlich gehandelt bzw. handeln müssen. Die Frage nach dem außenpolitischen Mut in der Ukraine-Krise ließe

---

31   Vgl. Kaim, Markus: Warum nicht gleich Nuklearwaffen?, in: Spiegel Online v. 19.01.2023.

sich dann mit Blick auf den Bundeskanzler gar nicht beantworten. Wir würden ihm persönlich eine Politik zuschreiben, die im Kern von ganz anderen Faktoren determiniert worden ist. In Umkehrung eines CDU-Wahlslogans aus dem Jahr 1969 müsste man dann sogar formulieren ›Auf den Kanzler kommt es gerade nicht an.‹

Mehr Mut in der Außenpolitik?

Peter Wittig

»Zeitenwende« ist zum Wort des Jahres 2022 geworden. In der Tat: wir erleben in Europa einen Epochenbruch – durch den Aggressionskrieg Russlands. Die Ordnung der Zeit nach dem kalten Krieg ist zerstört. Die Welt, in der wir leben, ist unsicherer und gefährdeter geworden. ›Status quo‹ ist passé!

Was heißt das für unsere Außenpolitik, für die Gestaltung unserer Beziehungen zu unseren Freunden und Partnern oder zu unseren Rivalen und Gegnern? Verlangt die neue Lage mehr Mut, neuen Aufbruch, mehr Wagnis, mehr Kühnheit, mehr Vision oder gerade Konsolidierung, Sammlung der Widerstandskräfte, Besinnung auf unsere Stärken und auf unsere Grundprinzipien? Ganz klar scheint also die Antwort nicht zu sein. Deshalb steht in meiner Themenstellung ein Fragezeichen, wo man spontan eher ein Ausrufezeichen setzen will.

Ich möchte mit Ihnen über die Rahmenbedingungen deutscher Außen- und Sicherheitspolitik nachdenken und prüfen, ob sie den Anforderungen einer europäischen Führungsmacht und einer wichtigen globalen Mittelmacht gerecht wird.

Bei der Mut-Frage deutscher Außenpolitik ist mir zunächst eine Klärung wichtig – das Verhältnis zwischen Diplomatie und Außenpolitik. Diplomatie ist das Handwerk der Außenpolitik. Diplomaten in unserem System sind Beamtinnen und Beamte. Die politische, demokratische Verantwortung für die Außenpolitik trägt die Regierungsspitze, tragen die Außenministerin und der Bundeskanzler. Max Weber kontrastiert in seinem berühmten Aufsatz »Politik als Beruf« die beiden Archetypen Beamte und Politiker äußerst scharf. Politiker müssen nach Weber Leidenschaft besitzen, die Dinge – wie er sagt – »ira et studio« angehen.

Sie müssen für Ziele kämpfen, um Gefolgschaft werben, gewiss auch Mut, Mut zur Gestaltung, auch zum Risiko zeigen, vor allen Dingen führen! Der Beamte hingegen – so Max Weber – muss zuvörderst exekutie-

ren, »ohne Zorn und Eingenommenheit« – am Ende ohne letzte Eigen-
verantwortung. Webers ganze polemische Schärfe richtet sich gegen die
Beamtennaturen unter den Politikern. Er sah sie in Deutschland viel zu
häufig am Werke! Diese Unterscheidung trifft die deutsche Außenpolitik nur sehr bedingt. Die Außenminister und -ministerinnen werden gemeinhin auch
als oberste Diplomaten/innen bezeichnet. Es ist richtig: Außenminister
müssen auch das Handwerk verstehen, wollen sie erfolgreich sein. Und
umgekehrt muss professionelle Diplomatie mehr sein als die Vorbereitung und Exekution der Vorgaben der politischen Führung. Beides muss
ineinandergreifen.

Was ist heute das Wesen der Diplomatie? Sie wird manchmal als
›quiet power‹ bezeichnet – also weder ›hard‹ noch ›soft power‹: Die
stille Macht, die unsichtbar Allianzen schmiedet und pflegt, Konflikt-
prävention betreibt, Dispute entschärft. In diesem Sinne nannte der
große amerikanische Staatsmann und Diplomat der Nachkriegszeit,
George Kennan, das Handwerk der Diplomatie – keineswegs abschät-
zig – einfach »gardening«. Natürlich erfordert Diplomatie noch andere
Qualitäten als die Hege und Pflege der Gärtnerei: Verhandlungsge-
schick, gegründet auf vertiefte historische und kulturelle Kenntnisse,
vor allem ein scharfes Urteilsvermögen über Handlungsoptionen und
ihre Nebenfolgen, auch ihrer Risiken, die Fähigkeit, kurzfristige Interessen in Beziehung zu setzen zu strategischen Zielen und grundlegenden
Werten, die Bereitschaft zur Selbstbefragung, zur Infragestellung alter
Gewissheiten und etablierte Grundannahmen.

Der Gegenstandsbereich der Diplomatie heute ist ungeheuer viel
weitergespannt und facettenreicher geworden als noch als vor 20
oder 30 Jahren: er umfasst Klimapolitik, Energie, Technologie sowie
Wirtschaft und Handel. Und vor allem erfordert gute Diplomatie heute ständige Kommunikation in die Gesellschaften hinein. Klassische
Geheimdiplomatie ist zwar nicht ausgestorben, wird aber seltener.

Aber dieses Handwerk ist strukturell nicht auf Wagnis, auf Risiko,
auf kühne Sprünge angelegt. Es handelt eben von Komplexität.

Dieser Berufsstand bringt bisweilen auch den cunctator, den Zaude-
rer, die Zaudererin hervor. (Klaus Töpfer hat sie in seinem Beitrag zu diesem Band teil-rehabilitiert!). Und deshalb bedarf es eben doch im Sinne
Max Webers der entschlossenen Führung durch die Politik!

Zurück also zur Mutfrage: Wie mutig, wie gestaltungsfreudig, wie innovativ, wie risikobereit kann deutsche Diplomatie und Außenpolitik (ich denke beides zusammen) strukturell sein? Sie ist in vielfältiger Weise ›verflochten‹, funktioniert also nicht in einem autonomen Raum. Diplomatie ist heute mehr denn je eine multilaterale bzw. plurilaterale Diplomatie. In der Praxis ist insbesondere die Verflochtenheit in der EU kaum zu überschätzen. Fast jede nationale Entscheidung – grundsätzlicher, aber auch kleinteiliger Natur – bedarf der Abstimmung mit den europäischen Partnern. Das schmälert den nationalen Handlungsspielraum.

Hinzu kommt die wechselseitige Verflechtung von Außen- und Innenpolitik. Diese gibt es naturgemäß in jeder Demokratie, in der die Außenpolitik die Unterstützung der maßgeblichen Kräfte der Gesellschaft benötigt. Aber es gibt Unterschiede zwischen parlamentarischen und präsidentiellen Demokratien. Denken Sie an Frankreich oder die USA. Hier lässt die präsidentielle Prärogative den Präsidenten große Spielräume. Repräsentative parlamentarische Demokratien mit Koalitionsregierungen – wie in Deutschland – sind noch einmal stärker konsensorientiert als Mehrheitswahlsysteme – wie in Großbritannien. Koalitionsregierungen zwingen ständig zu Kompromissen. Auch das dämpft Wagnis und Risiko.

Dazu kommt eine spezifisch deutsche Grundbedingung: die starke Verrechtlichung – eben auch der Außen- und Sicherheitspolitik. Denken Sie an Auslandseinsätze der Bundeswehr; sie sind durch Grundgesetz und Rechtsprechung umschrieben und bedürfen fast immer eines Mandats des Bundestages. Das unterscheidet uns von anderen Demokratien. Selbes gilt für die Rüstungsexportkontrolle oder die Tätigkeit unseres Auslandsgeheimdienstes, des BND, – der weniger tun darf als andere Dienste – oder die europarechtlichen Klagemöglichkeiten vor dem Bundesverfassungsgericht. Für all diese rechtlichen Begrenzungen gibt es sehr gute Gründe – aber sie sind eben ›Mut-dämpfend‹, wenn ich so sagen darf.

Blicken wir nun auf die konkrete Politik: Trotz der genannten Beschränkungen hat es in der jüngeren deutschen Außen- und Sicherheitspolitik immer wieder Situationen gegeben, in denen nolens volens erheblicher Mut gefragt war. Das galt für die außenpolitischen Entscheidungen um die deutsche Wiedervereinigung. Das galt vor allen Dingen immer dann, wenn es um Krieg und Frieden ging, wenn also eine Entscheidung in der einen oder anderen Richtung unausweichlich

wurde – Ausnahmesituationen, die in der deutschen Politik besonders
gefürchtet wurden: z.b. in den Balkan-Konflikten Anfang der 90er Jahre, etwa bei der Anerkennung einiger ex-jugoslawischer Teilrepubliken
1991/92, das galt für den militärischen Einsatz im Kosovo 1999, für den
Bundeswehr-Einsatz in Afghanistan, für die Nicht-Beteiligung am Irak-
Krieg 2003, für die Entscheidung über die Libyen-Intervention 2011, für
Waffenlieferungen an die Kurden zur Verhinderung eines Genozids an
den Jesiden 2015, und eben jetzt im Krieg Russlands gegen die Ukraine.
Einige dieser Entscheidungen habe ich aus der Nähe miterlebt, an
anderen war ich beteiligt. Ich möchte exemplarisch nur zwei herausgreifen und beleuchten.

Die erste: Libyen im März 2011 im Sicherheitsrat der Vereinten Nationen, es war die Zeit des beginnenden sog. ›Arabischen Frühlings‹. Ich
vertrat Deutschland in diesem obersten Gremium der Weltpolitik. Der
Rat stand vor einer folgenschweren Entscheidung: sollte er eine militärische Intervention vorwiegend westlicher Staaten autorisieren, um ein
wahrscheinlich bevorstehendes Massaker der Truppen des Diktators
Gaddafi an seiner eigenen, rebellierenden Bevölkerung zu verhindern?
Alle westlichen Staaten im Sicherheitsrat waren dafür, selbst Russland
und China signalisierten, sie würden eine solche Autorisierung nicht
blockieren, sondern sich nur enthalten. Die Sache musste in Berlin
schnell entschieden werden – binnen eines Tages. Der deutsche Außenminister hatte sich im Vorfeld gegen eine militärische Intervention
festgelegt. Es war Landtagswahlkampf in Baden-Württemberg und
Rheinland-Pfalz. Er wusste um die Kriegsfurcht der Deutschen. Doch
der Druck unserer Verbündeten, von Präsident Obama, vom französi-
schen Präsidenten und britischen Premierminister auf Berlin war groß,
sich einer Zustimmung nicht zu verweigern.

Letztlich kam es auf die Bundeskanzlerin an. Sie sah in dieser wichtigen Entscheidung auch den Zusammenhalt der Regierungskoalition ge-
fährdet und entschied für die Enthaltung – zur Enttäuschung und zum
Teil zum Entsetzen unserer Freunde und Alliierten in EU und NATO.

Ich persönlich hielt diese Entscheidung nicht für richtig. Zum einen im Sinne der Schutzverantwortung für die libysche Zivilbevölkerung
»R2P« und zum anderen aus bündnispolitischen Gründen. Aber selbst-
verständlich setzte ich die Weisung des Außenministers um und hob im
Sicherheitsrat die Hand beim Aufruf ›Enthaltung‹.

Wie wir wissen, endete die Militärintervention der NATO mit Gaddafis Tötung durch oppositionelle Kräfte und schließlich in einem bürgerkriegsähnlichen Chaos.

Stellen wir für diese außerordentliche Entscheidung über Krieg und Frieden die Frage nach dem Mut! Was war mutiger militärische Gewalt gegen die Truppen eines UN-Mitgliedsstaates zu autorisieren oder war es mutiger aus dem Verbund der Alliierten auszuscheren und sich der Zustimmung zu verweigern?

Zwischenbilanz: Mut ist in diesem Fall offenbar kein wirklich taugliches Beurteilungskriterium. Hier ging es vor allem um grundlegende Prinzipien der internationalen Ordnung und um kluge Folgenabschätzung. Im Nachhinein – in Kenntnis der Folgen – werden selbst viele der zahlreichen Kritiker der Entscheidung des Außenministers (zu denen auch ich gehörte) vermutlich dazu neigen, ihm ex-post recht zu geben.

Die zweite Entscheidung, die ich herausgreifen möchte, betrifft die unmittelbare Gegenwart: Art und Umfang der deutschen Unterstützung der Ukraine zur Abwehr der russischen Aggression. Nach meiner Einschätzung ist unsere Bundesregierung in diesen Krieg gleichsam schlafwandelnd hineingestolpert. Sie war offenbar – trotz aller Warnungen der Geheimdienste – in der Sache nicht gut vorbereitet. Vermutlich galt ihre ganze Aufmerksamkeit zu dieser Zeit dem innenpolitischen Start der neuen Ampelregierung. Was der Bundeskanzler dann allerdings drei Tage nach Kriegsbeginn tat, war nachgerade umstürzend und wahrhaft mutig. Mit seiner Rede riss er – fast im Alleingang – mit einem Schlag Mauern von Tabus und Verkrustungen der deutschen Außen- und Sicherheitspolitik ein: 100 Mrd. Sondervermögen für die Bundeswehr, sofortige Erfüllung des NATO-Ziels, 2 Prozent des Bruttoinlandsproduktes für Verteidigung auszugeben, Waffenlieferungen für die Ukraine! Die Botschaft seiner »Zeitenwende«-Rede war: die Hoffnungen einer Verständigung mit Russland haben getrogen, jetzt braucht Deutschland ›hard power‹!

Die Entscheidungen der Scholz-Rede vom 27. Februar 2022 gehören zu den wichtigsten Weichenstellungen in der deutschen Politik seit 1989. Ich persönlich gebe dem Bundeskanzler dafür großen Kredit. Allerdings: die Entscheidungen trugen den Charakter eines Befreiungsschlages aus einer selbst verschuldeten innen- und außenpolitischen Defensive. Der Bundeskanzler war mutig – aber auch ein Getriebener!

Ist der Mut der Regierung vier Monate nach Kriegsbeginn schon wieder verblasst? Ich will offen sein: Die mangelhafte Umsetzung der Entscheidungen zu den Waffenlieferungen erscheint mir als eine Mischung aus Ineffektivität (wo ist eigentlich die viel gepriesene ›German efficiency‹?) und politischem Zögern. Der neu gewonnene außenpolitische Kredit droht verspielt zu werden. Die deutsche Regierung hat damit auch rapide Einfluss in Ost-Europa verloren, was auch unsere Führungsfähigkeit in der Europäischen Union beeinträchtigt.

Natürlich hat dieser erst seit Anfang Dezember 2021 amtierende Bundeskanzler den angesammelten Entscheidungsstau und die Fehlentwicklungen in der Russland-Politik nicht allein zu verantworten. Dass die Bundeswehr unterfinanziert war und Deutschland mit seiner strukturellen Unterschreitung des 2 %-Ziels der NATO von vielen Verbünden, – keineswegs nur von den USA – als Trittbrettfahrerin betrachtet wurde, haben die Vorgänger-Regierungen zu verantworten. Auch Präsident Obama hatte Bundeskanzlerin Merkel stets nachdrücklich gebeten, im Sinne der Bündnissolidarität mehr für die Verteidigung zu tun. Ich kann mich nicht an eine bedeutende sicherheitspolitische Rede der früheren Bundeskanzlerin erinnern, in der sie das deutsche Publikum auf mehr Aufgaben und Ausgaben für die Verteidigung eingestimmt hätte. Dazu fehlte ihr – wie es scheint – der Mut, sie kannte die politische Stimmungslage der Deutschen nur zu genau.

Wie ist diese Mutlosigkeit der deutschen Außenpolitik zu erklären? Sie hat meines Erachtens auch strukturelle Gründe. Bis zur Wiedervereinigung war West-Deutschland – streng genommen – eine ›revisionistische‹ Macht. War es doch das grundgesetzliche Gebot, die Teilung Deutschlands und die Spaltung Europas zu überwinden. Es war die Sowjetunion, die die politische Kräftekonstellation in Europa eher zementieren wollte. Nach der Wiedervereinigung wurde Deutschland zur ›Status quo-Macht‹ Europas schlechthin. Zufrieden konnten wir feststellen, wir seien zum ersten Mal in der Geschichte nur von Freunden umgeben. Und wir konnten eine Friedensdividende einstreichen. Wir sahen uns und unsere Nachbarn im vollkommenen Einklang mit dem Lauf der Geschichte, mehr noch: das Modell Europa erschien als der Vorläufer einer globalen Entwicklung. Die ganze Welt würde – früher oder später – demokratischer, freier, rechtsstaatlicher werden. »Das Ende der Geschichte« war nicht nur ein (viel zu oft zitierter) Buchtitel von Francis Fukuyama, sondern es war die Beschreibung der deutschen ›Seelenlage‹. Abgesehen von wirtschafts- und sozialpolitischen Herausforderungen der Einheit waren die Deutschen außenpolitisch saturiert und zufrieden – ich würde hinzufügen: selbstzufrieden.

Es scheint im Rückblick, als hätten wir in dieser Zeit die Schrift an der Wand nicht gesehen. In der Welt um uns erhoben längst ausgestorben geglaubte, – wie es schien – ›archaische‹ Kräfte ihr Haupt: fanatischer Nationalismus, radikal-islamischer Fundamentalismus, ethnische und tribale Kräfte. Sie störten das ›liberale Skript‹ einer aufgeklärten, globalisierten Welt. Im Rückblick haben wir auch Putins Russland falsch gelesen oder zumindest zu spät das Kommende erkannt. Russland wurde unter Putin zur ›revisionistischen‹ Macht. Diese Macht beanspruchte Sonderrechte in ihrer geographischen Umgebung, baute auf Partnerschaften mit autoritären Regimen, wollte Teile Europas wieder an sich ziehen und zielte auf die Aufteilung der Welt in Einflusszonen. Die Russland-Kennerin Angela Stent nennt das die »Putin-Doktrin« – letztlich ein neo-imperiales Projekt.

Wie konnte es zu diesen Fehleinschätzungen kommen? Bundeskanzlerin Merkel war eine hervorragende ›Krisenmanagerin‹: analytisch, rational, geduldig, verhandlungsstark. Doch weniger erfolgreich war sie – zusammen mit den vergangenen Bundesregierungen – in der strategischen Krisenvorausschau. Immer wieder wird beklagt, es fehle in Deutschland eine ›strategische Kultur‹ in der Außen- und Sicherheitspolitik. Ja, im Vergleich zu Washington, Paris und London ist das gewiss richtig. Uns fehlt zudem institutionell ein Nationaler Sicherheitsrat – als Fokus einer strategischen Gesamtausrichtung unserer Außen- und Sicherheitspolitikpolitik.

Doch diese Kritik trifft nicht nur die Politik, sondern die gesamte Gesellschaft! Erinnern sie sich an die letzte Bundestagswahl? Außen- und Sicherheitspolitik, Europapolitik kamen praktisch nicht vor. Die Schuld der Medien oder das Desinteresse der Wähler? In jedem Fall: Ein bezeichnender wie betrüblicher Befund!

Da nun die russische Führung die Ordnung nach dem kalten Krieg zertrümmert hat, ist für uns der Moment der Wahrheit gekommen. Viele unserer liebgewordenen Gewissheiten haben endgültig ausgedient. Das Ringen um die künftige Weltordnung hat begonnen. *In Europa* müssen wir uns – so glaube ich – auf eine neue Ära der Eindämmung Russlands einstellen. Das wird sicher keine Doublette des Kalten Krieges werden, aber auf absehbare Zeit – solange Putin herrscht – doch den Aufwuchs militärischer Fähigkeiten und die wirtschaftliche und politische Abkoppelung von Russland bedeuten. *Global gesehen* wird der Gegensatz zwischen den USA und China die strategisch bestimmende Beziehung der kommenden Jahrzehnte bleiben – bei aller Fixierung sollten wir uns darüber nicht täuschen. Wir werden es außerdem mit einem zunehmenden Systemwettbewerb zwischen demokratischen und autoritären Staaten zu tun haben, dem sich allerdings ein ›drittes Lager‹ aus dem globalen Süden verweigern wird (Indien, Brasilien, Mexiko, die Golfstaaten, Südafrika und viele andere).

Für Deutschland und die EU ist das Gebot der Stunde nun, ihre Widerstandsfähigkeit zu stärken und Europa auch zu einer geopolitisch handlungsfähigen Macht werden zu lassen. Dies wird vermutlich nicht durch einen ›big bang‹, einen Qualitätssprung durch Änderungen der europäischen Verträge möglich sein, sondern durch eine Reihe von Einzelmaßnahmen, auch durch das gemeinsame Vorangehen einzelner Mitgliedsstaaten. Aber in jedem Fall ist Deutschland dabei ganz besonders gefordert. Ein Reaktiv-Modus tut es nicht mehr.

Dies ist ein Moment politischer Führungsverantwortung Deutschlands in und für Europa wie kaum ein zweiter! Und das nicht nur, um den autoritären Regimen in Russland und China beizukommen. Sondern auch, weil nach den US-Präsidentschaftswahlen 2024 mit der tatsächlichen Möglichkeit zu rechnen ist, dass sich die USA sich als ›europäische Macht‹ verabschiedet.

Diese Aufgabe wird aktive Gestaltungskraft, Weitsicht, Pragmatismus und ja, eine gehörige Portion Mut erfordern!

Mut und Mutlosigkeit in der Politik

Günther G. Schulze

1. Einleitung

Wir leben in einer Zeit großer Herausforderungen. Viele davon sind lange erkannt und analysiert wie die Klimakrise, der unzureichende Ausbau der digitalen, der Verkehrs- und Energieinfrastruktur, die demographische Entwicklung in ihrer Wirkung auf die sozialen Sicherungssysteme, die Unterfinanzierung der Bundeswehr und des Bildungssystems; andere erscheinen unerwartet und plötzlich wie die Covid19-Pandemie oder der Angriffskrieg der russischen Föderation gegen die Ukraine. So unterschiedlich diese Herausforderungen auch sind, alle verdienen unsere hohe Aufmerksamkeit und erfordern überlegtes und entschlossenes Handeln. Abwarten oder Aussitzen macht in allen Fällen die Probleme schlimmer und treibt die Kosten zu ihrer Beseitigung in die Höhe.

Und dennoch kann man sich des Eindrucks nicht erwehren, dass die Reaktionen der Politik auf diese Herausforderungen halbherzig, zögerlich, ungenügend sind. Das liegt nicht daran, dass die Mittel zur Lösung der Probleme nicht grundsätzlich vorhanden wären; es liegt auch nicht daran, dass das Bewusstsein der Gefahren oder die Kenntnis, wie den Herausforderungen begegnet werden müsste, völlig unzureichend wären. Bei aller Unzulänglichkeit menschlichen Wissens und menschlicher Mittel handelt es sich weder um ein Erkenntnis- noch um ein Ressourcenproblem – es ist ein eklatantes Handlungsproblem! Wir tun nicht, was wir sollten, obwohl wir es wissen und können. Um es mit den Worten Konfuzius zu sagen:

见义不为，无勇也
»Zu sehen, was recht ist, und es gegen seine Einsicht nicht zu tun, ist
Mangel an Mut.«[1]

Wie zeigt sich diese Mutlosigkeit, was begründet sie und welche Wege
aus der Mutlosigkeit lassen sich aufzeigen? Das sind die Fragen, denen
sich dieser Essay widmet.

2. Der Befund

Mutlosigkeit charakterisiert politisches Handeln in Deutschland, so
meine These. Es ist nicht beschränkt auf bestimmte Politikfelder, Parteien oder Akteure, es bildet ein Muster. Dies versuche ich anhand
ausgewählter Beispiele zu verdeutlichen.[2]

2.1 Der Krieg in der Ukraine

Am 24. Februar 2022 begann der russische Angriffskrieg gegen die
Ukraine. Selten war ein militärischer Konflikt so schwarz-weiß wie in
diesem Fall: Die russische Föderation überfiel die Ukraine ohne Not
und ohne provoziert worden zu sein, um sie brutal zu unterwerfen; die
Ukraine wehrt sich seitdem gegen diese völkerrechtswidrige und grau-
same Aggression. Jedem Beobachter war und ist klar, dass das militärische Kräfteverhältnis zwischen Russland und der Ukraine sehr ungleich
ist[3] und dass westliche Unterstützung für die Ukraine überlebenswich-
tig ist. Dabei kommt es nicht nur auf das gesamte Kräfteverhältnis,
sondern auch auf einzelne Fähigkeiten an: Hat etwa die gegnerische
Artillerie höhere Reichweite als die eigene, kann sie relativ ungefährdet

---

1   Konfuzius, Analekten (Lunyu), Buch 2, Abschnitt 24, Berliner Ausgabe 2013, hg.
     von Michael Holzinger nach der Textgrundlage Kungfutse: Lun Yu, übersetzt von
     Richard Wilhelm, Düsseldorf/Köln: Eugen Diedrichs Verlag, 1975.
2   Diese Aufzählung kann nicht vollständig sein. Zwar mögen sich für manches zö-
     gerliche Handeln im Einzelfall vernünftige Gründe finden; in der Gesamtschau
     jedoch zeigt sich schnell, dass Zaudern und mutloses Handeln politisches Han-
     deln systematisch durchziehen. Die Gründe dafür müssen also auch jenseits des
     konkreten Politikfeldes zu finden sein.
3   Etwa Trebisch et al. (2023), Abbildung 15.

die eigenen Stellungen, Infrastruktur und Kommandoposten ausschalten; sind die Reichweiten der gegnerischen Luft-Bodenraketen höher als die der eigenen Flugabwehrwaffen, gilt Ähnliches usw.[4] Je eher die angegriffene Ukraine solche militärischen Fähigkeiten erlangt, desto besser kann sie sich verteidigen und umso kleiner werden die Verluste an Menschenleben, die Zahl der Verwundeten und die Verluste an Material und Infrastruktur für sie sein. Anders ausgedrückt – je länger der Westen zögert, umso höher wird der Blutzoll, den die Ukraine zu zahlen hat, umso mehr unschuldige Menschen sterben, umso schwerer wird es, besetztes Gebiet zurückzuerobern. Dabei ist militärisch zu helfen zuerst ein moralisches Gebot – das Versagen dieser Hilfe würde bedeuten, die Schlächter gewähren zu lassen (nachdem alle Verhandlungen nichts fruchteten). Militärische Unterstützung ist aber auch aus strategischem Eigeninteresse geboten: Nur wenn ein potenzieller Aggressor, der sich um menschliches Leid nicht schert, befürchten muss, dass die ihm entstehenden Kosten der Aggression ihren Ertrag übersteigen, wird er vor – weiteren – Angriffen zurückschrecken. Die halbherzige Reaktion des Westens auf die völkerrechtswidrige Annexion der Krim 2014 und der Angriff auf die Restukraine acht Jahre danach unterstreichen dies eindrücklich.

Wie aber war die Reaktion der deutschen Politik auf den russischen Angriffskrieg? Nach einer beeindruckenden »Zeitenwende«-Rede am 27.

---

4   Natürlich haben diese Fähigkeiten viele Dimensionen neben Reichweiten von Waffensystemen wie Präzision, Zahl der Waffensysteme, ihre Logistik etc. Entscheidend bleibt, dass der Westen die Fähigkeitsdefizite rasch und entschieden ausgleicht und umkehrt, damit die Angegriffenen geschützt werden. Am Anfang des Krieges war die Überlegenheit der russischen Artillerie erdrückend; die Lieferung von HIMARS Waffensystemen und der Panzerhaubitze 2000 konnte dieses Defizit verringern. Im Juni 2023 ist das Fehlen effektiver Heeresflugabwehr in ausreichender Zahl bzw. die russische Luftüberlegenheit und den Mangel an weitreichender Munition besonders gravierend. Die Tatsache, dass die Lieferung westlicher Kampfpanzer lange ausblieb, mag zu einer Verzögerung der Gegenoffensive geführt haben und es damit den russischen Streitkräften ermöglicht haben, ihre Verteidigungsstellungen weiter auszubauen mit der Folge, dass die Verluste bei dieser Gegenoffensive höher ausfallen als sie mussten. Zaudern kostet menschliches Leben!

Februar 2022,[5] die ein Sondervermögen von 100 Mrd. Euro zur besseren Ausstattung der stark unterfinanzierten Bundeswehr (s.u.) ankündigte, beteiligte sich die Bundesrepublik an den bislang elf Sanktionspaketen, die im Rahmen der Europäischen Union die russische Wirtschaft, Organisationen und Einzelpersonen treffen sollten und ein starkes Zeichen der Solidarität und Einigkeit an die russische Führung sandten.[6] Bei der Lieferung dringend benötigter schwerer Waffen jedoch war die Bundesregierung geraume Zeit sehr zögerlich. Dies verdeutlicht die folgende Abbildung 1, die die Zusagen für die Lieferung schwerer Waffen durch ausgewählte europäische Länder im Zeitablauf dokumentiert. Es zeigt sich, dass Deutschland in der Anfangsphase des Konfliktes wesentlich weniger schwere Waffen zusagte als viele seiner europäischen Nachbarstaaten. Erst im September 2022 verpflichtete sich Deutschland zur Lieferung schwerer Waffen in einem Umfang vergleichbar mit dem seiner zum Teil deutlich kleineren Nachbarn. Nun mag man einwenden, dass die Bundeswehr wenig Möglichkeiten hatte, schweres Gerät abzugeben ohne die eigene Verteidigungsfähigkeit zu gefährden, weil sie über viele Jahre notorisch unterfinanziert wurde. So richtig dieses Argument auch ist, es kann nicht verdecken, dass es ein eklatanter Mangel an Mut war, der zu geringer Unterstützung der Ukraine mit schwerem Gerät geführt hat: Erst im Februar 2023, also fast ein Jahr nach Kriegsbeginn, kündigte der neue Verteidigungsminister an, dass die Bundesregierung Ausfuhrgenehmigungen für bis zu 178 Leopard 1A5 Panzern erteilen wird.[7] Diese Panzer standen ausgemustert in Hallen der Industrie bereit und wurden ab Juli 2023 aufgearbeitet und von Dänemark, Niederlanden und der Bundesrepublik finanziert, sukzessiv an die Ukraine geliefert, 25 Panzer bis zum Sommer, 80 bis Jahresende.

---

5   https://www.bundesregierung.de/breg-de/aktuelles/regierungserklaerung-vo
      n-bundeskanzler-olaf-scholz-am-27-februar-2022-2008356.

6   Eine Liste der EU Sanktionen findet sich unter https://finance.ec.europa.eu/eu-
      and-world/sanctions-restrictive-measures/sanctions-adopted-following-russia
      s-military-aggression-against-ukraine_de.

7   https://www.tagesschau.de/ausland/europa/leopard-1-ukraine-pistorius-101.h
      tml (11.7.23). https://www.bmvg.de/de/aktuelles/mehr-als-100-panzer-leopard
      -1-fuer-die-ukraine-5579834 (11.7.23).

Abb. 1: Die Zusagen für die Lieferung schwerer Waffen im Zeitablauf für ausgewählte europäische Länder.

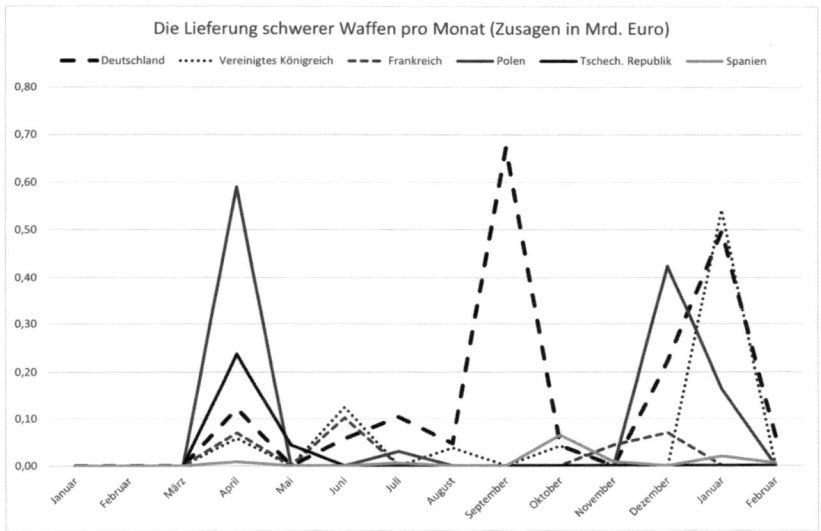

Quelle: Trebisch et al. (2023), eigene Darstellung.

Eine vorausschauende, entschlossene Politik hätte diese Beschlüsse kurz nach Kriegsausbruch gefasst, so dass diese Panzer viel früher bereitgestanden hätten und die Ukraine zumindest bei ihrer Gegenoffensive in vollem Umfang darüber hätte verfügen können. Das gilt natürlich nicht nur für Kampfpanzer – ein klarer Beschluss zu Kriegsbeginn verbunden mit den entsprechenden Aufträgen für die Industrie – etwa auch hinsichtlich Flugabwehr, Artillerie, Leopard 2 Panzern und besonders Munition – hätte die Ukraine in die Lage versetzt, sich viel besser zu verteidigen und den Gegenangriff rascher und effektiver zu führen. Einer entschiedenen »Zeitenwende«-Rede hätten rasch entschiedene Maßnahmen zur Unterstützung der Ukraine folgen müssen. Das Zögern deutscher Politik hat aller Wahrscheinlichkeit nach zu höheren Verlusten auf ukrainischer Seite geführt, zu mehr Toten und Verwundeten.[8]

---

8   Wie stark frühere und entschiedenere Unterstützung der Ukraine durch die Bundesrepublik den Kriegsverlauf tatsächlich verändert hätte, muss natürlich ungeklärt bleiben. Entscheidend ist, dass die Haltung der Bundesregierung mo-

Mittlerweile (Stand Ende Mai 2023) ist Deutschland mit 10,68 Mrd. Euro zum viertgrößten bilateralen Geber geworden, nach den USA (70,7 Mrd. Euro), der EU (27,5 Mrd. Euro) und dem Vereinigten Königreich (10,74 Mrd. Euro).[9] Gemessen am Bruttosozialprodukt nimmt Deutschland allerdings nur einen Mittelplatz unter den europäischen Staaten ein (vgl. Trebisch et al. 2023, Abb. 5). Die deutschen Zusagen für Waffenlieferungen auf dem NATO-Gipfel im Juli 2023 zeigen wiederum, dass Potenzial für weitere Lieferungen vorhanden war – mit mehr Mut hätte es deutlich früher realisiert werden können.

Verglichen mit dem Beitrag, den Deutschland zur Befreiung des vom Irak besetzen Kuwaits im Golfkrieg 1990/91 geleistet hat, sind die bisherigen Beiträge Deutschlands eher moderat: Damals betrug die bilaterale Hilfe 0,55 Prozent seines Bruttoinlandsproduktes, demgegenüber hat Deutschland die Ukraine bis Mai 2023 mit nur 0,17 Prozent seines Bruttoinlandsproduktes, also nur mit rund einem Drittel, unterstützt (Trebesch et al. 2023: 46).[10]

Insgesamt war die Reaktion Deutschlands zu zögerlich, zu spät und anfangs viel zu gering: insgesamt zu mutlos.

2.2 Der Zustand der Bundeswehr vor Ausbruch des Krieges

Der Krieg in der Ukraine hat die Aufmerksamkeit erneut auf lange bekannte, deutliche Defizite und unerledigte Aufgaben in der Verteidigungs- und Sicherheitspolitik gelenkt. Nach dem Fall des Eisernen Vorhangs hat besonders Deutschland seine Verteidigungsanstrengungen stark eingeschränkt. Dies zeigt Abbildung 2 für ausgewählte Waffensysteme.

Das wäre ja alles unbedenklich, wenn die möglichen Gegner gleichermaßen abgerüstet hätten, um eine ebensolche »Friedensdividende« zu realisieren.[11] Dass dies weit von der Realität entfernt ist, zeigt Ab-

---

natelang zu abwartend und zögerlich blieb und damit der Ukraine nicht die Hilfe zukommen ließ, die sie ihr hätte geben können, auch ohne die eigene Verteidigungsfähigkeit zu verringern.

9   Dies bezieht sich auf den Zeitraum 24.2.22-31.5.23 und umfasst humanitäre, finanzielle und militärische Hilfszusagen, Trebisch et al. (2023).

10   Dies gilt ähnlich für die anderen Geberländer.

11   Zum Teil sind die Reduktionen der Militärausgaben Ergebnis von Abrüstungsverträgen, etwa dem 1990 geschlossenen Vertrag über konventionelle Streit-

bildung 3: Während Russland stark aufrüstete, verzeichneten die deutschen Militärausgaben nur sehr geringe Steigerungen.[12] In den letzten zwanzig Jahren lag der Anteil der Verteidigungsausgaben am Bruttoinlandsprodukt in Deutschland bei 1,23 % (2002–2021, SIPRI 2021) und damit deutlich unter dem NATO-Ziel von 2 %. Der Durchschnittwert für Russland für diesen Zeitraum lag bei 3,8 %, für Frankreich bei 2,0 % und beim Vereinigten Königreich bei 2,3 % (SIPRI 2021). Das 2 %-Ziel war auf der NATO-Tagung in Wales 2014, im Jahr der russischen Annexion der Krim, bekräftigt worden und sah vor, dass alle NATO-Mitglieder sich binnen einer Dekade auf dieses Ziel zubewegen. Auch unter Berücksichtigung der im Rahmen des Sondervermögens 2023 verausgabten Mittel verbleibt 2023 für Deutschland eine Lücke von 17 Mrd. Euro zur Erreichung des 2 %-Zieles (Dorn et al. 2023).

Diese chronische Unterfinanzierung der Bundeswehr hat zu einer erheblichen Verringerung der militärischen Fähigkeiten und zu einer chronisch desolaten Einsatzbereitschaft der Bundeswehr geführt. So listet beispielsweise der Bericht zur materiellen Einsatzbereitschaft der Hauptwaffensysteme der Bundeswehr 2017 die eingeschränkte Einsatzbereitschaft der Hauptwaffensysteme (Bundesministerium der Verteidigung 2018). Einige Beispiele: der Radpanzer Boxer hatte 2017 eine mittlere Einsatzbereitschaft von 65 %, Schützenpanzer Marder 66 %, Kampfpanzer Leopard 60 %,[13] Schützenpanzer Puma 43 %, Transportpanzer Fuchs 77 %, Panzerhaubitze 2000 56 %. Von den 13 Fregatten der Bundesmarine waren vier bereits außer Dienst gestellt,

---

kräfte in Europa (KSE-Vertrag). Allerdings erklärt dies nicht die asymmetrischen Reduktionen; auch wurde das Denken in sog. Friedensdividenden mit Beginn der 2000er Jahre zunehmend fragwürdig.

12   Natürlich sind einfache Ausgabenvergleiche im Niveau begrenzt aussagekräftig, da Militärgüter zum Teil sehr unterschiedliche Preise haben und Soldniveaus sehr unterschiedlich sein können. Ist etwa der Sold der russischen Soldaten niedriger als der der deutschen, erscheinen die russischen Ausgaben bei Konstanz aller anderen Größen niedriger. Aber die *Entwicklung* der Militärausgaben zeichnet ein deutliches Bild. Ähnliches lässt sich anhand der Truppenstärken ablesen – sie sanken von 1990 bis 2019 um 23 % in Russland, aber um 60 % in Deutschland (Dorn et al. 2022).

13   Die Bundeswehr hat 244 Leopard 2 Panzer. Dem Heer standen 176 Stück zur Verfügung, wovon durchschnittlich 105 Systeme einsatzbereit waren. Das entspricht einer Einsatzbereitschaft von 60 %.

sechs Einheiten standen zu Verfügung, davon waren durchschnittlich fünf einsatzbereit. Von den sechs U-Booten der Bundeswehr war im Mittel nur eines einsatzbereit, oftmals keines. Der Unterstützungshubschrauber TIGER hatte eine materielle Einsatzbereitschaft von 31 %, der Transporthubschrauber NH90 eine von 35 %, Hubschrauber Sea Lynx 32 %, Hubschrauber Sea King 31 %, Hubschrauber CH-53 40 %, Eurofighter 48 %, Kampfflugzeug Tornado 41 % (Wiegold 2018, Bundesministerium der Verteidigung 2018). Die Liste ließe sich verlängern. Bezeichnenderweise sind die Berichte ab 2019 als geheim eingestuft und der Öffentlichkeit werden nur noch summarische Einsatzbereitschaftsquoten per Teilstreitkräfte publiziert (Deutscher Bundestag 2019, Hemicker 2019). Diese desolate Einsatzbereitschaft wird ergänzt durch einen eklatanten Mangel an Ersatzteilen und Munition und umständliche und zeitraubende Planungs- und Beschaffungsverfahren. Dazu kommt, dass viele Dienstposten unbesetzt bleiben. Im Jahre 2021 blieben 17,5 % aller Unteroffiziers- und Offiziersposten vakant; insbesondere die Unterbesetzung der Pilotenposten stellt eine große Herausforderung dar (Wehrbeauftragte des Deutschen Bundestages 2022). Diese Situation hatte sich bis zum Ausbruch des Krieges in der Ukraine allenfalls etwas, aber nicht grundlegend gebessert.

Kurzum, die Bundeswehr ist nicht nur wesentlich stärker verkleinert worden als etwa die russische Armee,[14] überdies sind die verbliebenen Systeme in einem beklagenswerten Zustand sowohl was Einsatzbereitschaft als auch Ausstattung mit Munition und Ersatzteilen angeht (Kraus & Drexel 2020).[15] Das ist ein lange bekanntes, gravierendes Problem, das über Jahre hinweg nicht gelöst wurde. Dabei musste nach dem durch Russland begonnenen Tschetschenienkrieg 1999/2000, dem russischen Einmarsch in Georgien 2008, der Zerstörung syrischer Städte durch russische Truppen 2011 und der Annexion der Krim 2014 jedem einigermaßen klarsichtigen Beobachter offensichtlich sein, dass Wladimir Putin äußerst brutal geführte Kriege als probates Mittel zur Durchsetzung seiner Ziele erachtet und nicht zögert Gewalt gegen seine Nachbarn einzusetzen, wenn sie Erfolg verspricht (Thumann 2023).

---

14   Für einen Vergleich der Waffensystemzahlen und Truppenstärken siehe Dorn et al. (2022).

15   Dazu gibt es eine Fülle von anekdotischer Evidenz, etwa https://www.zdf.de/na chrichten/politik/zustand-bundeswehr-sondervermoegen-zeitenwende-100.h tml oder https://taz.de/Bericht-der-Wehrbeauftragten-Eva-Hoegl/!5918863/.

Spätestens nach der Annexion der Krim war klar, dass die Friedensordnung in Europa nicht mehr existierte und dass der Westen dem
in seinen militärischen Anstrengungen angemessen Rechnung tragen
musste. Deutschland tat dies nicht. In den acht Jahren seit der Annexion der Krim stieg der Anteil der Militärausgaben am BIP von 1,15 % auf
nur 1,34 % (2014–2021, SIPRI 2021). Dies ist ein eklatanter Mangel an
Vorsorge und ein klassisches Politikversagen.

*Abb. 2 a–d: Ausstattung Deutschlands mit schwerem Gerät über die Zeit; ausgewählte
Systeme.*[16]

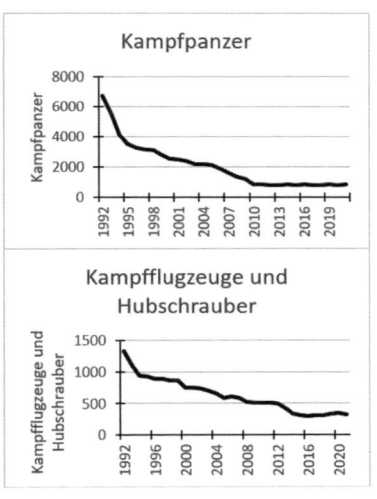

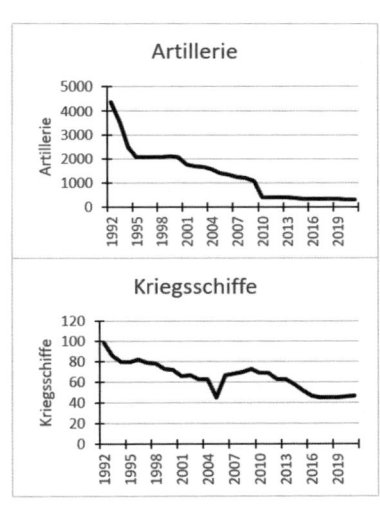

Quelle: UNROCA (2023).

Ein mutiger, vorausschauender Politikansatz hätte spätestens nach
der Annexion der Krim die Verteidigungsausgaben erhöht, die viel
zu geringen Munitionsbestände ergänzt, die Einsatzbereitschaft der
Systeme erhöht, vakante Posten zu besetzen versucht und Verträge mit
der Industrie zur Ergänzung und Erneuerung alter Systeme geschlossen. Natürlich sind Rüstungsausgaben in Teilen der Bevölkerung in

16   Diese Zahlen schließen auch Systeme ein, die eingelagert aber mit vertretbarem
      Aufwand wieder einsatzfähig gemacht werden können. Deshalb sind sie höher
      als die Bestände der Bundeswehr.

Friedenszeiten unpopulär; ein mutiger Politikansatz erkennt jedoch die
Notwendigkeit, die Verteidigungsfähigkeit zu erhalten, kommuniziert
sie geeignet und trifft Vorsorge auch gegen Widerstände. Eine Erhöhung der Verteidigungsausgaben während des Krieges trifft zwar auf
deutlich mehr Zustimmung, kommt aber zu spät.

Abb. 3: Militärausgaben im Jahr 2020 in US-Dollar

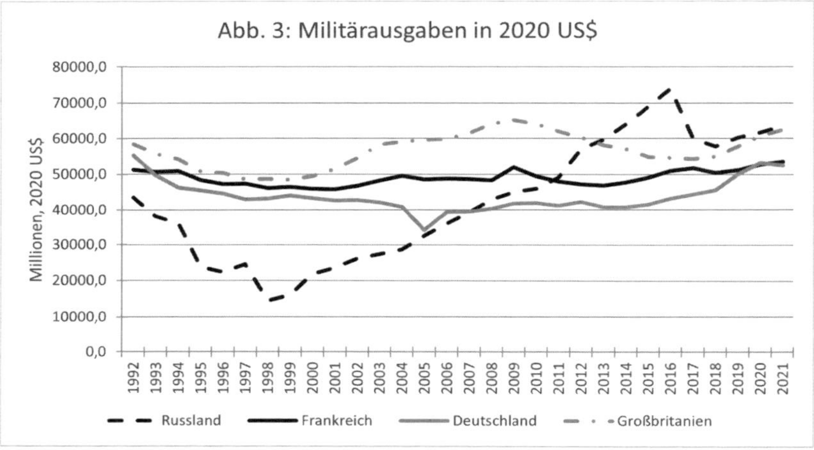

Abb. 3: Militärausgaben in 2020 US$

Quelle: SIPRI (2021).

2.3 Klimakrise

Die Klimakrise stellt einer der größten Herausforderungen unseres
Jahrhunderts dar; Ökonomen bezeichnen sie als das größte existente
Marktversagen, da die Umweltnutzung nur unzureichend (oder gar
nicht) bepreist wird und so die betriebswirtschaftlichen Kosten der
Treibhausgasemissionen deutlich unter den gesellschaftlichen Kos-
ten liegen, mit der Folge viel zu hoher Emissionen. Das zeigt sich im
CO_2-Preis des europäischen Emissionshandelssystems, der während
der zweiten und dritten Handelsperiode deutlich unter den tatsächli-

chen sozialen Kosten der Emissionen lag und damit eine signifikante Fehlsteuerung darstellte.[17] Es ist Konsens in der Literatur, dass Investitionen in Klimaschutz und Klimaanpassung weit hinter den sinnvollen Volumina zurückbleiben (Clark et al. 2018), obwohl die Renditen in diese Investitionen weit höher sind als die von Kapitalmarktanlagen, Renditen in den Immobilienmärkten und sogar von Bildungsrenditen.[18] Das World Resource Institute berechnet die Nutzen-Kostenverhältnisse von Frühwarnsystemen, nachhaltigen Infrastrukturinvestitionen, Verbesserung der Landwirtschaft in Trockengebieten, Maßnahmen zur Erhaltung von Mangrovenwäldern usw. in der Größenordnung von 2:1 bis 10:1.[19] Bislang werden diese Potenziale völlig unzureichend genutzt.

Manche der nötigen Maßnahmen sind vor allem im europäischen oder im globalen Rahmen sinnvoll, was zu dem bekannten Kollektivhandlungsproblem führt. Viele aber können auf nationaler Ebene getroffen werden wie etwa Maßnahmen zur Klimaadaption und Bewältigung von Umweltkatastrophen, aber auch der Aufbau von Energieinfrastruktur für erneuerbare Energien und Elektromobilität. Entschiedeneres, mutigeres Handeln hätte hohe volkswirtschaftliche Renditen realisiert. Da über diesen Bereich schon so viel geschrieben wurde, sei dies hier nur kurz erwähnt.

2.4 Digitalisierung

Im Bereich der Digitalisierung, einer der Schlüsselfaktoren für wirtschaftliche Entwicklung, belegt Deutschland in der Europäischen Union nur einen Mittelplatz. Bei dem von der Europäischen Kommission berechneten Index für die digitale Wirtschaft und Gesellschaft (DESI) steht die Bundesrepublik nur auf Platz 13 von 27 mit einem Wert knapp über dem Durchschnitt.[20] Insbesondere in den Bereichen Digitale Kompetenzen, Glasfaserausbau und digitale öffentliche Dienstleistungen

---

17 Bayer und Aklin (2020) zeigen, dass auch dann CO2-Emissionen verringert werden, wenngleich in zu geringem Maße.

18 World Bank Group und Global Facility for Disaster Reduction and Recovery (2021).

19 https://www.wri.org/insights/designing-covid-19-recovery-safer-and-more-res ilient-world (17.6.22).

20 https://digital-strategy.ec.europa.eu/en/policies/desi.

bestehen Defizite. Wenngleich die Konnektivität insgesamt relativ gut ist, so ist die Versorgung mit Glasfaserkabeln bis zum Gebäude mit 15 % weit hinter dem EU-Durchschnitt von 50 % (Europäische Kommission 2023).[21] Aber auch in den anderen Bereichen kann Deutschland mit einem Mittelplatz nicht zufrieden sein, will es seine Position als eine der führenden Industrienation Europas behaupten.

Abb. 4: Rangfolge nach dem Index für die digitale Wirtschaft und Gesellschaft (DESI) 2022.

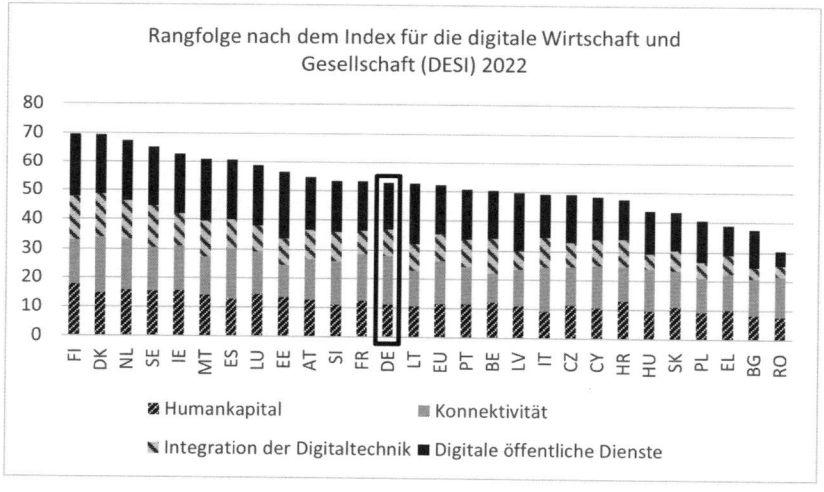

Quelle: Europäische Kommission (2023).

Der Dell-Index 2020 misst die Digitalisierungsbemühungen von Firmen der G20-Länder. Auch hier belegt Deutschland nur einen Mittelplatz.[22] Bei einer Umfrage von Führungsspitzen in Politik und Wirtschaft gaben 94 % der Befragten an, dass Deutschland bei der

---

21 Insbesondere ist der Unterschied in Konnektivität und IT-Fähigkeiten zwischen dem ländlichen und städtischen Raum beträchtlich, vgl. OECD (2021).

22 https://www.dell.com/de-de/dt/perspectives/digital-transformation-index.ht m#scroll=off&pdf-overlay=//www.delltechnologies.com/asset/de-de/solutions /business-solutions/briefs-summaries/dt-index-2020-full-findings-report.pdf (18.7.23).

Digitalisierung hinterherhinke (European Center for Digital Competitiveness 2022); unter den G20-Staaten belegte Deutschland im Digital Riser Ranking 2021, das die Veränderung in der digitalen Wettbewerbsfähigkeit messen will, Platz 17 – es fällt also stark zurück (European Center for Digital Competitiveness 2021). Auch wenn diese Rankings jedes für sich nur eingeschränkte Aussagekraft haben mögen, so zeigen sie in der Gesamtschau einen deutlichen Handlungsbedarf im Bereich der Digitalisierung auf.

Insbesondere bei der Vermittlung digitaler Kompetenzen in Schulen und deren IT-Ausstattung bestehen erhebliche Defizite. So zeigte die PISA-Studie 2018, dass Deutschland in der digitalen Ausstattung hinter dem OECD-Durchschnitt weit zurückhängt (Deutschland 0,61 Computer pro Schüler, OECD 0,85).

Auch beim Zugang zu online Lernplattformen schneidet Deutschland schlecht ab: in Deutschland haben ca. 33 % der Schüler Zugang zu Online-Lernplattformen, der OECD-Durchschnitt liegt bei etwa 55 %. Damit liegt Deutschland weit hinter bspw. Serbien, Bulgarien und Moldawien zurück (alle ca. 40 %). Überdies hatten deutsche Lehrer deutlich weniger Unterstützung bei dem Erwerb digitaler Kompetenzen als anderenorts (Ikeada 2020, OECD 2020). Die Ausstattung mit Laptops und Tablets ist in Deutschland immer noch gering. Oftmals sind die Computer als Desktopcomputer in gesonderten Computerpools, was den flexiblen Einsatz von Computern im Unterricht nicht erlaubt.[23]

Dieses Zurückfallen im Bereich Digitalisierung ist das Resultat jahrelanger Vernachlässigung digitaler Fähigkeiten und digitaler Infrastruktur. Eine vorausschauende, gestaltende Politik hätte solche Defizite nicht entstehen lassen, da die Probleme – wiederum – lange bekannt waren und eine gute digitale Infrastruktur und die entsprechenden Kenntnisse entscheidend für die wirtschaftliche Entwicklung Deutschlands sind. Zumindest im Bereich der Schule hat Deutschland mit dem Digitalpakt reagiert, welcher 6,5 Mrd. Euro für den Zeitraum 2019–2024 für konkrete Schulprojekte, aber auch länderübergreifende Maßnahmen bereitgestellt.[24]

---

23   Vgl. Eickelmann et al. (2019), die die Ergebnisse der International Computer and Information Literacy Study 2018 ausgewertet haben. Die nächste Studie ist erst für 2023 geplant. https://www.iea.nl/studies/iea/icils/2023.

24   https://www.digitalpaktschule.de/index.html.

Abb. 5: Computerausstattung in Schulen.

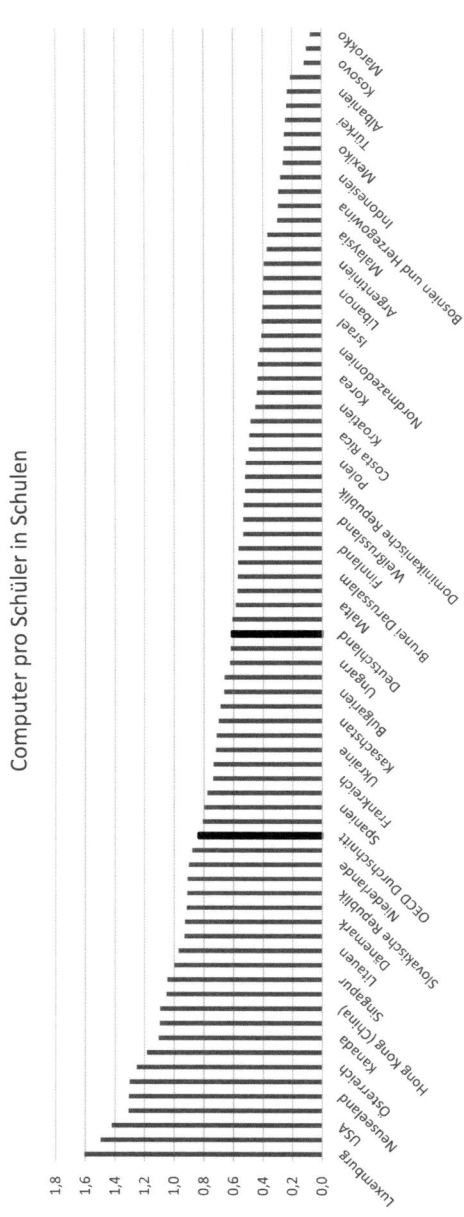

Quelle: OECD (2020), eigene Darstellung.

Allerdings war der Mittelabfluß anfänglich sehr zögerlich, da die Antragstellung zu bürokratisch und zu umständlich ist.[25]

2.5 Einseitige Energieabhängigkeit

Russland ist eine mittelgroße Volkswirtschaft. 2021 belegte sie mit einem Bruttoinlandsprodukt von 1,8 Billionen US-Dollar Platz elf. Deutschland war 2021 mit einem Bruttoinlandsprodukt von 4,3 Billionen US-Dollar mehr als doppelt so groß und damit die viertgrößte Ökonomie der Erde.[26] Der russisch-deutsche Handel trug zum deutschen Außenhandel 2021 rund 2,5 Prozent bei. Dieses relative moderate Volumen täuscht allerdings über die Bedeutung der russischen Importe für die deutsche Volkswirtschaft hinweg – von den rund 35,5 Milliarden Euro entfielen 21,9 Mrd. auf den Import von Erdgas, Erdöl und Kohle.[27] Damit hatte die Russische Föderation eine dominante Stellung in der Energieversorgung Deutschlands, wie Abbildung 6 zeigt:

Besonders für Erdgas war die Abhängigkeit sehr hoch, da Deutschland vor dem Krieg über keine Flüssiggasterminals verfügte und die Lieferung leitungsgebunden erfolgte (SVR 2022). Eine kurzfristige Substitution der Lieferquellen schien damit schwer möglich. Es schien die Vorstellung vorzuherrschen, dass diese Situation wechselseitiger Abhängigkeit – Russland konnte kurzfristig keine anderen Abnehmer, die EU keine anderen Quellen für Gas, aber auch Kohle und Öl in größerem Umfang erschließen – eine stabile Versorgung garantieren würde und die EU auch kein Interesse daran haben könnte, den Import von russischer Energie zu reduzieren. Dieses wahrgenommene Primat ökonomischer Eigeninteressen im Energiesektor über allgemeine politische Kalküle war im besten Fall naiv; es blieb auch keineswegs unwidersprochen. Diese eklatante Fehlperzeption hinsichtlich der Versorgungssicherheit russischer Energielieferungen gründete sich in Teilen der deutschen Politik und Bevölkerung auf den Mythos, Russland sei ein verlässlicher Partner, der selbst in Zeiten des Kalten Krieges stets seine Verpflichtungen erfüllt habe. Diese Wahrnehmung blendete das

---

25   Die Evaluation des Digitalpaktes steht noch aus, vgl. https://www.digitalpaktsc hule.de/de/startschuss-fur-die-evaluation-des-digitalpakt-schule-2019-2024-1 852.html.

26   IMF, World Economic Outlook, April 2023 database.

27   Destatis, Werte für 2021.

sich sukzessive verstärkende imperialistische Verhalten Russlands gegenüber seinen unmittelbaren Nachbarn (ehemalige Sowjetrepubliken
und ehemalige Mitglieder des Warschauer Paktes) aus, konzentrierte
sich auf das unmittelbare bilaterale Verhältnis und diskreditierte die
erfahrungsgespeisten Sicherheitsbedenken osteuropäischer, besonders
der baltischen Staaten als paranoid. Dabei gab es genug Belege dafür,
dass Russland Energielieferungen als politisches Instrument bewusst
einsetzt, man musste sie nur sehen wollen.

Zum Jahreswechsel 2005/6 stoppte Russland kurzfristig die Energielieferungen an die Ukraine, was in Form von Lieferengpässen auch negative Folgen für einzelne EU-Staaten mit sich zog. Obwohl der russische
Präsident die Verlässlichkeit der russischen Energielieferungen bekräf-
tigte,[28] wurden Bedenken laut über die Versorgungssicherheit im Rahmen der EU[29] als auch seitens der FDP-Opposition in Deutschland.[30]

2007 stoppte Russland ohne Konsultationen Erdöllieferungen nach
Weißrussland, was die Versorgung Deutschlands mit Erdöl beschnitt.
Vorausgegangen war ein Konflikt zwischen Weißrussland und Russland
über die Höhe des Erdöl- und Erdgaspreises und Durchleitungsgebüh-
ren einer Erdölpipeline nach Deutschland.[31] Im selben Jahr stoppte
Russland seine Lieferungen von Erdgas an die Ukraine, nachdem Gazprom eine Verfünffachung des Gaspreises gefordert hatte und die
Ukraine sich geweigert hatte, diesem Preisanstieg zuzustimmen. Die
Folge war ein Absinken des Gasdrucks in Deutschland und anderen
europäischen Ländern und damit eine Minderversorgung dieser Länder.[32] Parallel dazu wurden Konflikte mit osteuropäischen Ländern
virulent, etwa der Stationierung von Raketenabwehrsystemen in Polen
und Tschechien oder der Verlegung eines russischen Kriegerdenkmals
in Estland.[33]

---

28   https://www.tagesschau.de/ausland/meldung-ts-3896.html (10.10.22).

29   https://www.tagesschau.de/wirtschaft/meldung-ts-5406.html (10.10.22).

30   https://www.spiegel.de/wirtschaft/deutsch-russischer-gipfel-putin-will-verpfli
      chtungen-bei-gaslieferungen-einhalten-a-413212.html (10.10.22).

31   https://www.tagesschau.de/wirtschaft/meldung-ts-5216.html (10.10.22).

32   https://www.tagesschau.de/wirtschaft/meldung-ts-2778.html (10.10.22).

33   https://www.tagesschau.de/ausland/meldung-ts-4782.html (10.10.22).

Abb. 6: Deutschlands Energieimporte im Jahr 2021 nach Lieferländern.

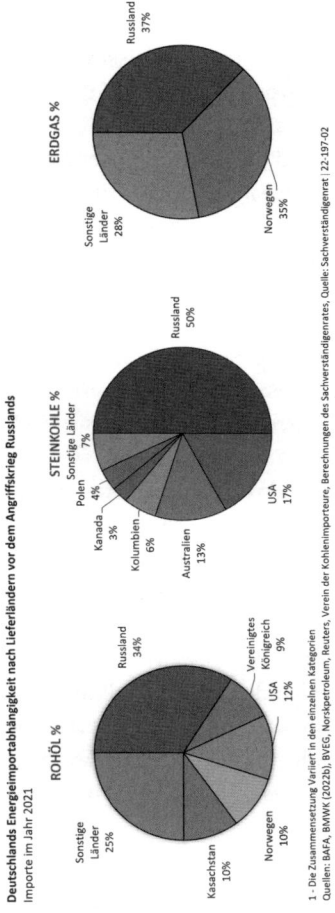

Quelle: Sachverständigenrat zur Begutachtung der gesamtwirtschaftlichen Entwicklung (2022, Abb. 70).

Am 8. August 2008 marschierten russische Truppen in Georgien ein, nachdem zuvor die georgische Armee eine Gegenoffensive gegen die von Russland unterstützten abtrünnigen Provinzen Südossetien und Abchasien gestartet hatte.[34] Dies führte zu einer neuerlichen Krise der russisch-europäischen Beziehungen und zu einer ambivalenten Reaktion der EU: Während die EU die Aufnahme von Gesprächen über ein Partnerschaftsabkommen zur Energiesicherheit befürwortete, empfahl der EU Kommission, unabhängiger von russischen Energielieferungen zu werden. Zu diesem Zeitpunkt deckten Gasimporte aus Russland 42 % des gesamten EU-Verbrauches.[35]

Eine Reaktion der EU war das Projekt der Nabucco-Pipeline, die 2013 zugunsten der ab 2015 gebauten Transadriatischen Pipeline aufgegeben wurde, welche seit Ende 2020 Erdgas von Aserbaidschan durch Südeuropa nach Italien liefert.[36]

Zuvor wurde 2005 der Bau der Nordstream 1 Pipeline begonnen, die von Russland durch die Ostsee nach Deutschland führt. Ende 2011 nahm sie ihren Betrieb auf. Statt sich um eine weitere Diversifizierung der Energiequellen zu bemühen unterstützte die Bundesregierung den Bau einer zweiten Ostsee-Pipeline von Russland nach Deutschland, Nordstream 2, deren Planung 2013 begonnen wurde und deren Bau im September 2021 abgeschlossen wurde. Diese Leitungen reduzieren die Abhängigkeit von russischen Lieferungen nicht, sie umgehen lediglich die osteuropäischen Länder und machen die Lieferungen unabhängig von Konflikten, die Russland mit den Durchleitungsländern haben kann.

2014 annektierte Russland gewaltsam die Krim. Die als Reaktion von der EU verhängten wirtschaftlichen Sanktionen wurden von Russland mit der Drohung, die Gaslieferungen zu drosseln beantwortet.[37] Erneut wurde die Energieabhängigkeit der EU von Russland thematisiert.[38] Ein 13-Punkte-Plan wurde beschlossen, der neue Quellen, Speicher

---

34   https://osteuropa.lpb-bw.de/kaukasus-krieg (27.07.23).

35   https://www.tagesschau.de/ausland/eurussland-ts-106.html; https://www.tag esschau.de/ausland/eurusslandgipfel-ts-102.html (10.10.22).

36   https://www.tap-ag.com/about-tap/the-big-picture/the-southern-gas-corrido r (27.7.23). Eine Vereinbarung der EU mit Aserbaidschan über Gaslieferungen wurde schon 2011 geschlossen, https://www.tagesschau.de/wirtschaft/gasabko mmenmitaserbaidschan-ts-100.html (10.10.22).

37   https://www.tagesschau.de/ausland/sanktionen-krim-krise100.html (10.10.22).

38   https://www.tagesschau.de/ausland/eu-gipfel-krim106.html (10.10.22).

und Pipelines beinhaltete; außerdem sollte Energieeffizienz verbessert werden.[39] 2015 gab es wieder Diskussionen auf EU-Ebene, die auf weniger Abhängigkeit in der Energieversorgung abzielten. Es wurde beschlossen, in Verhandlungen gemeinsam aufzutreten, aber es wurden keine konkreten Maßnahmen geplant, insbesondere kein Vorhaben, den Energiebezug aus Russland zu drosseln.[40] Über die Jahre hat Gazprom oft gezeigt, dass Russland Gaslieferungen als politisches Druckmittel einsetzt. Neben den oben genannten Konflikten müssen die Drohung, die Gaslieferung in die EU zu drosseln, weil Europa den Ausbau der marktbeherrschenden Stellung von Gazprom verhindern wollte, und die Einstellung der Gaslieferungen an die Ukraine im Gefolge der »Orangenen Revolution« genannt werden.[41]

Obwohl klar war, dass Gaslieferungen vom Kreml als Druckmittel zur Verfolgung politischer Ziele verwendet werden, obwohl spätestens nach der Annexion der Krim 2014 offen zutage trat, dass der russische Herrscher keineswegs vor Gewaltanwendung zurückschreckt und bereit ist, das Völkerrecht zu brechen, obwohl die einseitige Abhängigkeit von russischen Energielieferungen viel diskutiert und im Bewusstsein der Politiker und Politikerinnen war, geschah im Wesentlichen – nichts.

Es wurden kaum neue Lieferquellen erschlossen und es wurde nicht in die nötige Infrastruktur investiert, um auch Flüssiggas in nennenswertem Umfang direkt zu importieren (LNG Terminals) und damit die Voraussetzungen zu schaffen, nicht nur leitungsgebunden aus Russland oder Zentralasien Gas zu beziehen. Was der neue Bundeswirtschaftsminister in einem Jahr nach Kriegsausbruch in einem Parforceritt überraschenderweise schaffte, hätte spätestens in den acht Jahren nach der Annexion der Krim geleistet werden müssen. Natürlich hätte auch dies einer Kraftanstrengung bedurft, natürlich wäre das mit Mehrkosten verbunden gewesen, aber es hätte Abhängigkeiten reduziert, Versorgungssicherheit erhöht und Deutschland krisenfester gemacht. Es hätte Mut bedurft, den bellizistischen Charakter des russischen Regimes klar beim Namen zu nennen, eigene Fehler einzugestehen, eine Kehrtwende in der

---

39   https://www.tagesschau.de/wirtschaft/g7-gasversorgung-ts-102.html
      (10.10.22).

40   https://www.tagesschau.de/wirtschaft/gas-109.html (10.10.22).

41   https://www.tagesschau.de/wirtschaft/meldung-ts-3716.html (10.10.22).

Politik gegenüber Russland zu vollziehen, dafür die nötigen Mittel bereitzustellen und dies geeignet zu kommunizieren. Dieser Mut hat gefehlt, genauso wie im Fall der auch nach 2014 marode gebliebenen Bundeswehr.

2.6 Pandemiebekämpfung

Im Dezember 2019 berichteten chinesische Behörden über den Ausbruch einer neuen infektiösen Lungenkrankheit, SARS-CoV-2, die sich sehr schnell ausbreitete und sehr ansteckend war; schnell wurde klar, dass sie das Potenzial zu einer Pandemie besaß. Der erste Fall in Deutschland wurde am 27. Januar 2020 registriert,[42] es dauerte bis Anfang März, also ein Vierteljahr seit Ausbruch der Krankheit, bis die Zahl der gemeldeten Fälle in Deutschland 100 überschritten hatte. Die Infektionswelle traf dennoch auf ein nur halbherzig vorbereitetes Land – weder wurden Reisende, besonders aus China, auf Symptome überprüft oder getestet,[43] noch waren medizinische Masken in auch nur annähernd ausreichendem Maße vorhanden, selbst medizinisches Personal war unzureichend versorgt.[44] Das Robert-Koch-Institut riet entgegen der Empfehlung der Deutschen Gesellschaft für Krankenhaushygiene vom Verwenden von Masken ab, aus Furcht, die Menschen könnten sich in falscher Sicherheit wiegen, obwohl aus früheren Pandemien bekannt war, dass die Pflicht, Masken zu tragen, die Ansteckungsrate deutlich senken kann. Diese Empfehlung wurde erst im April revidiert. Dies ist umso eklatanter, als die Pflicht, Masken zu tragen, anders als Kontaktbeschränkungen oder Lockdowns keine nennenswerten ökonomischen Kosten, aber eindeutige Vorteile für die Gesundheit der Bevölkerung zeigen.[45] Die Abwägung zwischen persönlicher Freiheit und öko-

---

42 Böhmer et al. (2020).

43 Der erste Test war bereits Mitte Januar entwickelt worden (DZIF Pressemitteilung 16.1.2020).

44 https://www.sueddeutsche.de/gesundheit/coronavirus-krankenhaeuser-ansteckung-1.4911294 (19 May 2020); https://www.rbb24.de/panorama/thema/2020/coronavirus/beitraege/niedergelassene-aerzte-mangelnde-ausruestung-kv.html (20. March 2020); https://www.aerzteblatt.de/nachrichten/118559/Keine-Schutzausruestung-Urologen-in-Hessen-koennen-bald-nicht-mehr-arbeiten (20.11.2020).

45 Siehe Mitze et al. (2020).

nomischer Aktivität einerseits und kollektivem Gesundheitsschutz andererseits existiert im Falle der Maskenpflicht nicht.

Abb. 7: Covid-19 Infektionszahlen und Bund-Länder-Konferenzen (BLK).

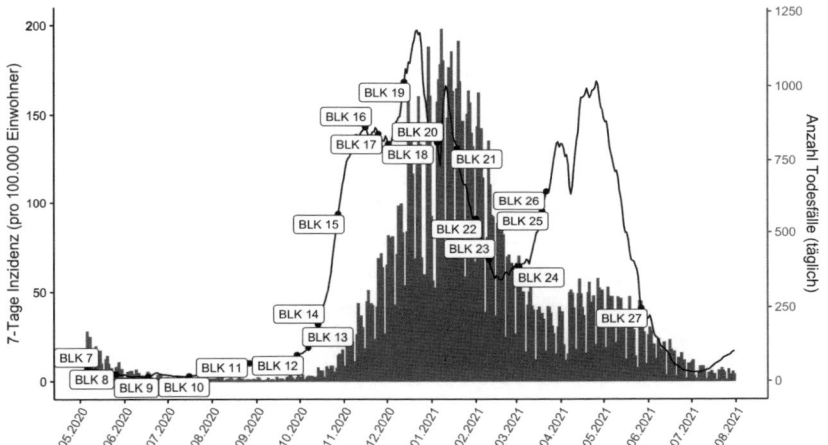

Beschlossene Maßnahmen (Zeitraum Juli 2020 bis Januar 2021)

- BLK 10 (16.07.20): Quarantäne-/ Test-/ Meldepflicht Einreise Ausland
- BLK 11 (27.08.20): Maskenpflicht öffentliche Bereiche (ohne Mindestabstand)
- BLK 12 (29.09.20): Beschränkung private Feiern öffentliche/gemietete Räume
- BLK 13 (07.10.20): /
- BLK 14 (14.10.20): Beschränkung Feiern im privaten Raum (15 Personen)
- BLK 15 (28.10.20): **Teil-Lockdown**
  Schließung Freizeiteinrichtungen/Gastronomie/körpernahe Dienstleistungen
- BLK 16 (16.11.20): /
- BLK 17 (25.11.20): Kundengrenzen Einzelhandel, digitale Lehre Hochschulen
- BLK 18 (02.12.20): /
- BLK 19 (13.12.20): **Lockdown**
  Beschränkung privater Zusammenkünfte (2 Haushalte,
  15 Personen), Schließung Einzelhandel, Schulen/ KiTas
- BLK 20 (05.01.21): Beschränkung privater Zusammenkünfte (1 Person)
- BLK 21 (19.01.21): Generelle Maskenpflicht (medizinische Masken)

Quelle: RKI (Infektionszahlen und Todesfälle), Pressemeldungen (Datum der BLK).[46]

---

46   https://www.rki.de/DE/Content/InfAZ/N/Neuartiges_Coronavirus/nCoV_node. html (16.7.22), mittlerweile migriert nach: https://github.com/robert-koch-inst itut/COVID-19-Todesfaelle_in_Deutschland und https://github.com/robert-koc h-institut/COVID-19_7-Tage-Inzidenz_in_Deutschland.

Der halbherzige Politikansatz aus den ersten Monaten der Pandemie setzte sich auch in der zweiten Phase der Pandemie fort. Die Politik verfolgte eine Strategie der flexiblen Antwort auf die Pandemie: Testen, Nachverfolgung aller Infektionen, Isolierung aller Infizierten und potenziell Infizierten durch die Gesundheitsämter und angemessene Kontaktbeschränkungen, um die Inzidenzzahlen so niedrig zu halten, dass Nachverfolgung und Eindämmung des Infektionsgeschehens möglich bleibt und das Gesundheitssystem nicht überlastet wird. Im Herbst 2020 versagte diese Strategie, weil nicht rechtzeitig und nicht entschieden genug eingegriffen wurde. Dies veranschaulicht Abbildung 7.

Die Schwelle, jenseits derer die Infektionen nicht mehr nachvollziehbar waren – also etwa 35–50 neue Fälle je 100.000 Einwohner in den letzten sieben Tagen – war schnell überschritten: am 12. Oktober lag die Inzidenz bei 27,5, eine Woche später bei 45,4 und stieg dann rasant an. Am 26. Oktober war sie bereits bei 80,9, am 2. November bei 120,1 und stieg dann Ende Dezember auf fast 200 an. Erst am 28. Oktober wurde ein Teil-Lockdown beschlossen, der am 2. November in Kraft trat. Er sah die Schließung der Gastronomie, das Verbot körpernaher Dienstleistungen und die Schließung von Freizeiteinrichtungen vor, konnte allerdings die Aufwärtsbewegung nur kurzfristig verzögern. Erst am 16. Dezember trat der Lockdown in Kraft, der in der Folge noch verschärft wurde durch die weitere Beschränkung der Kontakte und die Pflicht zum Tragen von medizinischen Masken.

Wäre eine Woche nach der 14. Bund-Länder-Konferenz (BLK), als jedem klar sein musste, dass die Infektionskurve steil nach oben zeigt, ein umfassender Lockdown mit Maskenpflicht beschlossen worden, hätte die zweite Welle gebrochen werden können. Die Folge wären weniger Tote gewesen, was sich an der nachlaufenden Kurve der Todesfälle deutlich ablesen lässt und die Inzidenz hätte auf ein niedriges Niveau gedrückt werden können, bei dem Infektionsketten hätten nachverfolgt und die Infektion kontrolliert werden können. Eine striktere Politik hätte vermutlich frühere Lockerungen ermöglicht und damit auch die immensen ökonomischen und sozialen Kosten der Pandemie kleiner gehalten.[47] Die Maßnahmen kamen zu spät, zu zögerlich und nicht mit dem nötigen Nachdruck.[48]

Ähnliches lässt sich für die dritte Phase der Pandemie konstatieren, in der der Covid-Impfstoff zum zentralen Instrument der Pandemiebekämpfung wurde. Der erste Impfstoff wurde in der EU am 21. Dezember 2020 zugelassen[49] und im Verhältnis der Bevölkerungsanteile unter den Mitgliedsländern verteilt. Dies erklärt einen anfänglich ähnlichen Verlauf der Impfquoten in den EU-Mitgliedsländern. Seit der Jahreswende 2021/22 stagnieren die Quoten der vollständig Geimpften (zwei Impfdosen) für die meisten Industrienationen, allerdings auf international sehr unterschiedlichem Niveau wie die folgende Abbildung 8 zeigt.

Zwar liegt die Bundesrepublik über dem EU-Durchschnitt, aber viele entwickelte Länder weisen deutlich höhere Impfquoten auf. Da die Ausbreitung der Infektion und die Schwere der Krankheitsverläufe und damit die Belastung des Gesundheitssystems maßgeblich von der Impfquote abhängen, tritt mit einer Impfquote von nur 77 Prozent ein deutliches Defizit zutage.[50] Schätzungen zufolge müsste je nach Impfwirksamkeit eine Durchimpfung der Bevölkerung zwischen 87 % und nahe 100 % für die Deltavariante erreicht werden, um Herdenimmunität zu erreichen (Eichner 2021). Das RKI schätzte im Juli 2021, dass 85 % der 12–59-Jährigen und 90 % der über 60-Jährigen vollständig geimpft sein müssen (RKI 2021). Dieses Ziel hätte durch eine wesentlich

---

47   Dies beinhaltet Kosten der staatlichen Transfers, der entgangenen Steuereinnahmen und damit erhöhter Staatsverschuldung, verringertes Wirtschaftswachstum, die Kosten von Insolvenzen und vernichteten wirtschaftlichen Existenzen, Gesundheitskosten und psychische und physische Folgen der Pandemie bei Kindern und Erwachsenen, verringerte Humankapitalbildung, der erschwerte Übergang von Schule zu Beruf und anderes mehr.

48   Eine neue Studie des Robert-Koch-Instituts unterstreicht die Wirksamkeit der nicht-pharmazeutischen Interventionen für das Infektionsgeschehen (RKI 2023). Es gibt aber auch das Beispiel von Jena: Hier entschied der mutige Oberbürgermeister vor allen anderen Städten, Stoffmasken verpflichtend zu machen, was die Inzidenz deutlich verringert und Krankheiten verhindert hat (Mitze et al. 2020).

49   https://www.ema.europa.eu/en/human-regulatory/overview/public-health-threats/coronavirus-disease-covid-19/treatments-vaccines/vaccines-covid-19/covid-19-vaccines-authorised (17.6.22).

50   Der aktuelle Impfstatus findet sich hier: https://impfdashboard.de/.

bessere Impfkampagne oder eine Impfpflicht erreicht werden können.

Wenngleich es umstritten ist, ob bei der später vorherrschenden Omikron-Variante eine allgemeine Impfpflicht verhältnismäßig gewesen wäre, neigte die Mehrzahl der Verfassungsjuristen bei der deutlich gefährlicheren Deltavariante zu der Auffassung, eine allgemeine Impfpflicht sei verfassungskonform.[51] Eine vom Hamburg Center for Health Economics durchgeführte Befragung vom 23. Dezember 2021 bis zum 11. Januar 2022 ergab eine Zustimmung von 60 % für die allgemeine Impfpflicht; eine noch höhere für Impfpflicht für Erwachsene (65 %).[52]

Abb. 8: Impfquoten für ausgewählte entwickelte Länder im Zeitablauf.

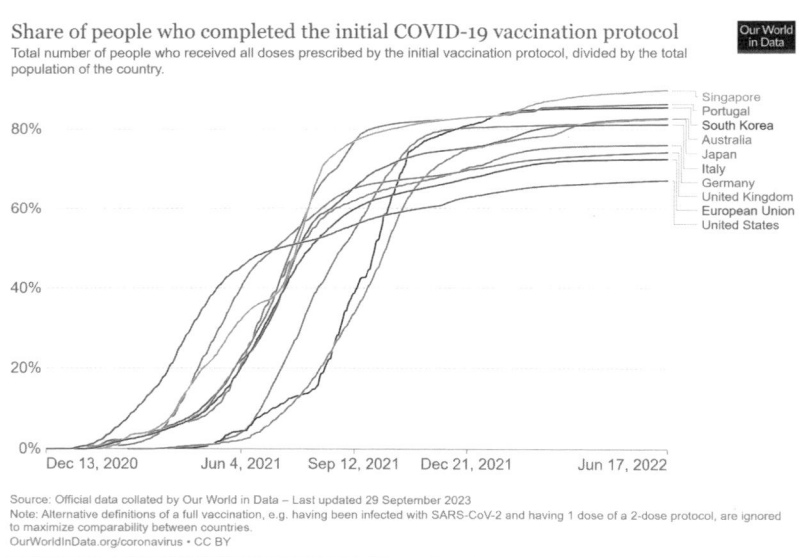

Share of people who completed the initial COVID-19 vaccination protocol

Total number of people who received all doses prescribed by the initial vaccination protocol, divided by the total population of the country.

Singapore
Portugal
South Korea
Australia
Japan
Germany
United Kingdom
European Union
United States

80%

60%

40%

20%

0%

Dec 13, 2020   Jun 4, 2021   Sep 12, 2021   Dec 21, 2021   Jun 17, 2022

Source: Official data collated by Our World in Data – Last updated 29 September 2023
Note: Alternative definitions of a full vaccination, e.g. having been infected with SARS-CoV-2 and having 1 dose of a 2-dose protocol, are ignored
to maximize comparability between countries.
OurWorldInData.org/coronavirus • CC BY

Quelle: https://ourworldindata.org/grapher/covid-vaccination-doses-per-capita.

Obwohl sowohl der Bundeskanzler als auch der Bundesgesundheitsminister eine allgemeine Impfpflicht befürworteten, brachten sie keinen Gesetzentwurf der Regierung in den Bundestag ein. Selbst ein Ge-

---

51   Wissenschaftlicher Dienst des Deutschen Bundestages (2022).

52   https://www.hche.uni-hamburg.de/corona/vergangene-befragungswellen/9-n
      eunte-befragungswelle.html (17.6.22).

setzentwurf zur Impfpflicht für Personen über 60 scheiterte am 7. April 2022 im Bundestag.[53] Eine frühzeitige allgemeine Impfpflicht, etwa zum Herbst 2021, hätte Deutschland vermutlich eine ausgeprägte dritte Welle erspart (siehe Abb. 9), hätte Menschenleben gerettet und frühere Lockerungen, höheres Wirtschaftswachstum und deutlich geringere Transferzahlungen ermöglicht. Es hätte Deutschland wahrscheinlich einen einfacheren Weg aus der Pandemie gewiesen.

Abb. 9: Covid-19 Todeszahlen für Deutschland im Zeitablauf.

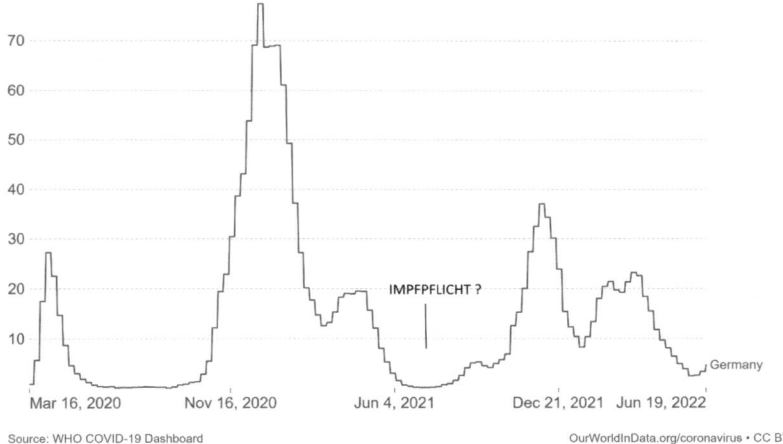

Quelle: Johns Hopkins University.

Die Erkenntnis war vorhanden, das Instrumentarium stand zur Verfügung, die Mehrheit der Bevölkerung befürwortete seinen Einsatz, allein es wurde nicht genutzt. Diese Mutlosigkeit hat vermutlich einigen unserer Mitbürger das Leben gekostet.

---

53   https://www.bundestag.de/dokumente/textarchiv/2022/kw14-de-impfpflicht-886566 (17.6.22).

2.7 Der ganze Rest

Die skizzierten Beispiele zeigen pars pro toto offensichtliche Mutlosigkeit und fehlende Entschlossenheit, allerdings in zwei grundsätzlich unterschiedlichen Situationstypen. In der ersten ist das Problem längst bekannt und benannt, es besteht klarer Handlungsbedarf, aber kein akuter. Beispiele sind die Unterausstattung der Bundeswehr, mangelnde Vorratshaltung bei Masken und anderer medizinischer Schutzausrüstung, fehlende Diversifizierung der Energiequellen, zu behäbige Digitalisierung und viele mehr. Abwarten verschärft in den meisten Fällen das Problem, löst es aber auf jeden Fall nicht. Offen zutage tritt die mangelnde Vorsorge entweder in Krisen (Pandemien, Kriege, Konflikte) oder schleichend im Zeitablauf durch den Verlust der internationalen Wettbewerbsfähigkeit, international weniger konkurrenzfähiger Bildungsergebnisse, erhöhter Erderwärmung etc. Ähnliches ließe sich für viele andere Politikfelder sagen, etwa für die unzureichende Infrastruktur für den öffentlichen Nah- und Fernverkehr und die unzureichende Energieinfrastruktur, um Strom aus erneuerbaren Energien, etwa durch Windkraft erzeugt, von den Erzeugerorten zu den Verbrauchsorten zu leiten, aber auch die Reform der Sozialsysteme (Rente, Pflege, Gesundheit) im Angesicht der demografischen Entwicklung. Aus Platzgründen sei dies hier nicht weiter ausgeführt.

Der zweite Situationstyp, in der Mutlosigkeit offensichtlich wird, ist die der aktuellen Krise, die beherztes, mutiges Handeln erfordert, das die Entscheidungsträger aber vermissen lassen. Die Flüge aus China am Beginn der Pandemie werden nicht kontrolliert, eine Impfpflicht wird wider besseres Wissen nicht beschlossen, die Hilfe an die Ukraine kommt zögerlich, langsam und nicht in nötigem Umfang. Auch hier ließen sich weitere Beispiele finden. Beiden Situationen ist gemeinsam, dass die Probleme erkannt, die Mittel zu ihrer Lösung grundsätzlich verfügbar sind, sie aber nicht eingesetzt werden. Es handelt sich also weder um ein Erkenntnisproblem noch ein Instrumentenproblem – die Probleme wären grundsätzlich lösbar – es ist ein eklatantes Handlungsproblem, ein Mangel an Mut. Warum ist das so?

3. Ursachensuche

Natürlich hat Mutlosigkeit in der Politik viele Ursachen, die teilweise auch im Persönlichen der politischen Entscheidungsträger liegen mögen; meine These ist jedoch, dass Mutlosigkeit ein Muster in der deutschen Politik ist; deshalb sind die Ursachen im Strukturellen zu suchen. Im Folgenden seien einige Erklärungsansätze kurz skizziert.

3.1 Die Ungleichzeitigkeit von Kosten und Erträgen

Maßnahmen zur Erhöhung der Resilienz in Krisenzeiten, zur Bekämpfung der Erderwärmung, zur besseren Vorsorge bei Pandemien, zu erhöhter Verteidigungsfähigkeit usw. sind ihrem Charakter nach Investitionen. Sie erfordern den Einsatz von Ressourcen heute und entziehen damit den öffentlichen Haushalten Mittel für andere Zwecke wie etwa Transferzahlungen, andere öffentliche Infrastruktur, andere öffentliche Aufgaben. Alternativ können Steuern erhöht oder die Staatsverschuldung vergrößert werden. Diese Kosten sind direkt spürbar, der betroffene Personenkreis ist relativ klar zu beschreiben und die Betroffenen spüren den Verlust ziemlich direkt. Würden wir etwa die Steuern erhöhen, um in besseren Katastrophenschutz und eine funktionierende, effektive Bundeswehr zu investieren, könnten die Steuerzahler den Verlust an individueller Kaufkraft klar beziffern.

Dagegen liegen die Erträge dieser Investitionen in der Zukunft; der Kreis der Individuen, die von diesen Maßnahmen profitieren, ist oftmals nicht klar zu identifizieren. Bisweilen sind diese Personen noch gar nicht geboren wie etwa im Falle eines besseren Klimaschutzes oder Maßnahmen zur Anpassung an den Klimawandel, die erst in einer Generation Früchte tragen mögen. Zudem sind die Erträge solcher Investitionen ungewiss. Wird eine Investition in die Verteidigungsfähigkeit Früchte tragen und ist mit einem Konflikt zu rechnen? Wird die Abhängigkeit von russischen Energieimporten wirklich zu einem Problem werden? Natürlich sind solche Investitionen sinnvoll, wenngleich die aktuelle Höhe im Einzelfall zu diskutieren wäre.

Warum aber unterbleiben sie oder warum kommt es zu Unterinvestitionen? Anders als bei betriebswirtschaftlichen Investitionen müssen solche Investitionen politisch entschieden und von einer breiten Mehrheit getragen werden. Wenn die Kosten der Investitionen aber sofort spürbar und wohl definiert sind, die Erträge aber unsicher und in der

Zukunft liegen (und vielleicht bei anderen Personenkreisen anfallen als denen, die die Kosten tragen), sind Mehrheiten schwer zu organisieren.

Politiker werden wenig Interesse haben, solche Investitionen zu tätigen, werden doch die Kosten ihnen zugerechnet werden, die Erträge aber ihren Nachfolger/inne/n im Amt. Nur eine vorausschauende Wählerschaft, die den Investitionscharakter dieser Maßnahme erkennt und honoriert, wird den politischen Entscheidungsträgern Anreize setzen, solche Vorsorgemaßnahmen zu treffen. Das setzt allerdings ein hohes Maß an Rationalität und Voraussicht bei den Wählern voraus.

3.2 Risikoaversion der politisch Handelnden: Die Asymmetrie von Verlusten und Gewinnen

Politisches Handeln birgt immer die Gefahr des Scheiterns, etwa weil vom Beschluss einer Maßnahme bis zu ihrer Wirkung Zeit vergeht und sich die Rahmenbedingungen geändert haben mögen oder weil unvollkommene Information besteht über das richtige Instrument oder über die Ausgangslage, so dass die Wirkung einer Maßnahme oft nicht genau prognostiziert werden kann. Wenn der Status quo der Referenzpunkt für die Beurteilung der politisch Handelnden ist und zudem Verluste höher gewertet werden als Gewinne, führt das zu einer Verzerrung hin zu Nichtstun.[54] Diese Verlustaversion und der Status quo Bias ist in der psychologischen und ökonomischen Forschung vielfach untersucht worden.[55] Sie zeigt, dass Politiker eine Tendenz haben, den Status quo beizubehalten (Alesina und Passarelli 2019). Auch diese Theorie setzt voraus, dass die Wähler kurzsichtig sind und nicht erkennen, was möglich wäre, wenn man denn handelte und wie die Beibehaltung des Status quo die Situation im Zeitablauf verschlechtern kann.

---

54   Dies ist nicht auf das Handeln von Politiker/inne/n beschränkt. Auch in der Bürokratie ist die Tendenz weit verbreitet, vor allem Fehler zu vermeiden, Verantwortung nicht zu übernehmen und sich nach oben abzusichern.

55   Diese Verlustaversion ist ein Bestandteil der Prospect Theory von Daniel Kahneman und Amos Tversky (Kahneman und Tversky 1979); vgl. auch Thaler et al. (1997) und Samuelson und Zeckhauser (1988) für grundlegende Arbeiten.

3.3 Mutlosigkeit als Folge politischer Saturiertheit

In der Nachkriegszeit hat die deutsche Gesellschaft eine Zeit des Friedens und Wohlstandes erfahren. Mitteleuropa blieb von Kriegen weitestgehend verschont, die Europäische Union etablierte eine Friedensordnung in Mitteleuropa und auch der sog. ›Kalte Krieg‹ führte nicht zu militärischen Konflikten in Mitteleuropa. Militärische Konflikte fanden an den Rändern Europas und in anderen Kontinenten statt, aber nicht Zuhause. Gleichzeitig erlebte Europa eine lange Periode wirtschaftlichen Aufschwungs, zuletzt eher moderat, nur durch zeitweilige Krisen (Ölkrisen 1973/74, 1979/1980 oder die Globale Finanzkrise 2008) unterbrochen. Der Fall des Eisernen Vorhangs verstärkte die Wahrnehmung, in einer Friedensordnung zu leben; kollektive existentielle Krisen wurden allenfalls in anderen Weltteilen verortet, heimische Politik als eher kleinteilig wahrgenommen. Dass existenzielle Krisen möglich sind und dass Politik entscheidenden Einfluss auf die (mangelnde?) Bewältigung existenzieller Bedrohungen nehmen kann, wurde von vielen kaum wahrgenommen. Dies änderte sich erst langsam durch die voranschreitende Erderwärmung, später durch die Pandemie (Schulze 2020) und nun drastisch durch den Angriffskrieg Russlands gegen die Ukraine gleichsam vor unserer Haustür.

Diese Saturiertheit, so meine These, führt zu einem Desinteresse am Politischen und belohnte mutiges politisches Handeln nicht. Es wurde nicht als notwendig erachtet in einer friedlichen, prosperierenden Umgebung.[56]

3.4 Populismus und eine veränderte Medienlandschaft

Das Erstarken des Populismus stellt selbst mutige Politiker vor neue Herausforderungen. Die faktenbasiert abgeleitete Notwendigkeit zum Handeln wird durch sog. ›alternative Fakten‹ und andere Lügen in Abrede gestellt; evidenzbasierte Handlungsempfehlungen werden versucht

---

56 Natürlich gibt es noch andere Erklärungsmuster für Mutlosigkeit wie etwa zu großer Bürokratisierung oder Verrechtlichung aller Handlungsoptionen, die entschlossenes politischen Handeln erschweren. Eine weitere wichtige Erklärung sind starke Interessengruppen, die an mutigen Entscheidungen kein Eigeninteresse haben und politische Vetospieler, die mutige Politik institutionell verhindern können.

durch unfundierte Behauptungen zu diskreditieren. Für die Pandemie sind die tödlichen Folgen populistischer Verharmlosungen des Virus in den USA gut dokumentiert (etwa Bursztyn et al. 2020, 2023), aber auch für Deutschland gibt es Untersuchungen zu der Wirkmächtigkeit von Verschwörungstheoretikern im Kontext der Pandemie (etwa Butter 2020).

Wenn aber Gedankengebäude aufgestellt werden, die aus einem System nicht-falsifizierbarer Behauptungen und Glaubenssätzen bestehen, die sich damit gegen Kritik zu immunisieren versuchen und jeglichem Erkenntnisgewinn durch Fakten widersetzen, also der wissenschaftlichen Methode fundamental widersprechen, dann wird es schwer, Anhängern solcher Glaubensgewissheiten von der Notwendigkeit zu handeln, zu überzeugen. Erschwert wird das durch die fragmentierten sozialen Medien, die diesen Menschen als Echokammern zur Bestätigung ihrer Glaubenssätze dienen.

4. Wege zu mutigerem Handeln

Was können wir also tun? Schnelle, einfache Lösungen dieses alten Problems lassen sich schwerlich finden, aber Haltungen identifizieren, die sich stärken lassen. Sie seien in aller Kürze skizziert.

1. Einsicht in die Notwendigkeit mutiger Entscheidungen stärken

Wir leben in einer Zeit existenzieller Bedrohungen, die mutiges Handeln erfordern. Wir erleben das Ende der Friedensordnung in Europa und müssen uns auf die neuen (und die alten) Bedrohungen neu vorbereiten. Wir haben erfahren, wie eine Pandemie das Leben ganzer Gesellschaften dramatisch beeinträchtigt, und dass die Qualität der Politik direkte, messbare Auswirkungen hat auf Krankheits- und Todeszahlen, auf wirtschaftliche Einbußen und persönliches Wohlergehen. Das zeigen nicht zuletzt internationale Vergleiche. Wir müssen uns auf neue Krisen vorbereiten – im Bereich der Gesundheit, der Umwelt, der Wirtschaft, militärischer Konflikte und nicht zuletzt zunehmender Migrationsströme. Wir müssen uns der Einsicht stellen, dass unsere Freiheit und unser Wohlstand nicht als gegeben angesehen werden dürfen und dass wirtschaftliche Prosperität und unsere Freiheit tatsächlich unter

Anstrengungen gesichert und verteidigt werden müssen und dass es dazu überlegten und gleichzeitig entschlossenen Handelns bedarf.

2. Mut belohnen und eine bessere Fehlerkultur in der Politik pflegen

Wir müssen mutiges, entschlossenes Handeln nicht nur als notwendig erachten, sondern es auch politisch belohnen. Dazu gehört die Einsicht in die Notwendigkeit mutiger politischer Investitionen, die heute teuer sein mögen, deren Unterlassung aber morgen weitaus teurer sein wird. Dazu gehört auch wohl überlegtes, aber entschlossenes Handeln in akuten Krisen. Eine solche Haltung erfordert aber auch eine andere Fehlerkultur. Wenn das Unterlassen mutiger, notwendiger Entscheidungen ein Fehler an sich darstellt, müssen wir den Status quo als Referenzpunkt aufgeben. Auch müssen wir Fehler entschuldigen, die im Streben um bessere Lösungen auftreten können. Sonst strafen wir mutige Politiker ab mit allen bekannten Folgen, die zu mutloser Politik und dem Leben unter unseren Möglichkeiten führt. Kurskorrekturen und das Eingeständnis eigener Fehler sollten nicht als Schwäche, sondern als Bereitschaft zu lernen rezipiert werden. Wir sollten das politische System auch als lernenden Organismus begreifen.

3. Mut zum Denken

Schließlich sollten wir mutiger sein in der Verteidigung eigener Werte und mutiger ›alternativen Fakten‹, fake news und anderen Lügen entgegentreten. Wir sollten den Mut haben, uns unbequemen Wahrheiten – und der Komplexität des Lebens – zu stellen, Dinge neu zu durchdenken, besonders wenn neue Erkenntnisse zutage treten, und von liebgewonnenen Überzeugungen Abschied nehmen, wenn die Fakten gegen sie sprechen. All dies sollten wir gerade auch von unseren gewählten Entscheidungsträgern einfordern. Wir sollten Mut haben frei zu denken!

»τὸ εὔδαιμον τὸ ἐλεύθερον, τὸ δ' ἐλεύθερον τὸ εὔψυχον«

»Das Geheimnis des Glücks ist die Freiheit, das Geheimnis der Freiheit aber ist der Mut.«
(Thukydides, Peleponnesischer Krieg, Gefallenenrede des Perikles.)

Literatur

Alesina, Alberto und Francesco Passarelli (2019) Loss Aversion in Politics, *American Journal of Political Science*, 63(4): 936–947.

Bayer, Patrick und Michaël Aklin (2020) The European Union Emissions Trading System reduced CO 2 emissions despite low prices, Proc Natl Acad Sci U S A. 2020 Apr 21;117(16): 8804–8812.

Böhmer, M., U. Buchholz, V. Corman, M. Hoch, K. Katz, Du. Marosevic, et al. (2020), ›Investigation of a COVID-19 Outbreak in Germany Resulting from a Single Travel-associated Primary Case: A Case Series‹, *The Lancet: Infectious Diseases*, 20(8), pp.920–8.

Bundesministerium der Verteidigung (2018) Bericht zur materiellen Einsatzbereitschaft der Hauptwaffensysteme der Bundeswehr 2017, https://www.dbwv.de/fileadmin/user_upload/Mediabilder/DBwV_ Info_Portal/Politik_Verband/2018/Bericht_Einsatzbereitschaft.pdf (18.7.23).

Bursztyn, Leonardo, Aakaash Rao, Christopher Roth, and David Yanagizawa-Drott (2020) Misinformation During a Pandemic, NBER Working Paper No. 27417, https://www.nber.org/system/files/work ing_papers/w27417/w27417.pdf.

Bursztyn, Leonardo Aakaash Rao, Christopher Roth, David Yanagizawa-Drott (2023) Opinions as Facts, *Review of Economic Studies*, 90(4): 1832–1864.

Butter, Michael (2020) Verschwörungstheorien: Zehn Erkenntnisse aus der Pandemie, in: Bernd Kortmann, Günther G. Schulze (2020) [Hg.] *Jenseits von Corona*, Unsere Welt nach der Pandemie – Perspektiven aus der Wissenschaft, Bielefeld: transcript, 225–231.

Clark, Robyn, James Reed und Terry Sunderland (2018) Bridging funding gaps for climate and sustainable development: Pitfalls, progress and potential of private finance, *Land Use Policy* 71: 335–346.

Dell Technologies (2020) Measuring digital transformation progress around the world, https://www.dell.com/en-us/dt/perspectives/dig ital-transformation-index.htm#scroll=off (18.7.23).

Deutscher Bundestag (2019) Kurzinformation Einstufung von Berichten zur Einsatzbereitschaft, Wissenschaftlicher Dienst des Deutschen Bundestages, WD 2 – 3000 – 047/19 (02. April 2019).

Dorn, Florian, Clemens Fuest, Niklas Potrafke und Marcel Schlepper (2022) Sind wir noch bedingt abwehrbereit? Die Entwicklung der deutschen Verteidigungsfähigkeit seit dem Ende des Kalten Krieges, *ifo Schnelldienst* Sonderausgabe 75. Jahrgang April 2022, ifo Institut: München: 46–52.

Dorn, Florian, Sebastian Kleine Kuhlmann, Niklas Potrafke und Marcel Schlepper (2023) Nun sag', wie hast Du's mit dem 2 %-Ziel? NATO-Verteidigungsausgaben ein Jahr nach der Zeitenwende, *ifo Schnelldienst Digital*, ifo Institut München, vol. 4(3): 01–14.

DZIF (2020) Deutsches Zentrum für Infektionsforschung, Erster Test für das neuartige Coronavirus in China ist entwickelt, Pressemitteilung 16. Januar 2020, https://www.dzif.de/de/erster-test-fuer-das-neuartige-coronavirus-china-ist-entwickelt.

Eichner, Martin (2021) Bericht über die Erstellung einer strukturierten Literaturrecherche zur Rolle der Geimpften am SARS-CoV-2-Pandemiegeschehen, Studie im Auftrag des Ministeriums für Soziales, Gesundheit und Integration Baden-Württemberg, https://t1p.de/ug4h.

Eickelmann, Birgit, Wilfried Bos, Julia Gerick, Frank Goldhammer, Heike Schaumburg, Knut Schwippert, Martin Senkbeil und Jan Vahrenhold (Hg.) (2019). *ICILS 2018 #Deutschland – Computer- und informationsbezogene Kompetenzen von Schülerinnen und Schülern im zweiten internationalen Vergleich und Kompetenzen im Bereich Computational Thinking*. Münster: Waxmann.

Europäische Kommission (2022) *Index für die digitale Wirtschaft und Gesellschaft* (DESI) 2022 – Deutschland, Brüssel, https://ec.europa.eu/newsroom/dae/redirection/document/88748.

European Center for Digital Competitiveness (2022) *Digitalreport 2022*, ESCP Business School.

European Center for Digital Competitiveness (2021) *Digital Riser Report 2021*, ESCP Business School.

Hemicker, Lorenz (2019) Zustand der deutschen Panzer und Flugzeuge soll geheim bleiben, Frankfurter Allgemeine Zeitung 11.3.2019, https://www.faz.net/aktuell/politik/inland/bundeswehr-zustand-der-deutschen-panzer-soll-geheim-bleiben-16083344.html.

Ikeda, Miyako (2020)), »Were schools equipped to teach – and were students ready to learn – remotely?«, PISA in Focus, No. 108, OECD Publishing, Paris, https://doi.org/10.1787/4bcd7938-en.

Kahneman, Daniel und Amos Tversky (1979) Prospect Theory: An Analysis of Decision under Risk, *Econometrica*, 47: 263–292.

Kraus, Josef und Richard Drexel (2020) Die Einsatzfähigkeit der Bundeswehr, Konrad-Adenauer-Stiftung, Politisches Bildungsforum

Brandenburg, Diskussionsbeitrag 26.5.2020, https://www.kas.de/d e/web/brandenburg/publikationen/einzeltitel/-/content/die-einsat zfaehigkeit-der-bundeswehr.

Mitze, Timo, Reinhold Kosfeld, Johannes Rohde und Klaus Wälde (2020), ›Face Masks Considerably Reduce COVID-19 Cases in Germany‹, *Proceedings of the National Academy of Sciences of the United States of America*, 22 December, 117(51), pp.32293–301. https://www.pnas.org/content/ 117/51/32293.

OECD (2020), *PISA 2018 Results (Volume V): Effective Policies, Successful Schools*, PISA, OECD Publishing, Paris, https://doi.org/10.1787/ca76 8d40-en.

OECD (2021), Bridging digital divides in G20 countries, OECD Publishing, Paris, https://doi.org/10.1787/35c1d850-en.

RKI (2021) Welche Impfquote ist notwendig, um COVID-19 zu kontrollieren? *Epidemiologisches Bulletin* 27/2021, pp. 3–13, Robert-Koch-Institut, 8. Juli 2021.

RKI (2023) Wirksamkeit und Wirkung von anti-epidemischen Maßnahmen auf die COVID-19-Pandemie in Deutschland (StopptCOVID-Studie), Robert-Koch-Institut, https://www.rki.de/DE/Content/Inf AZ/N/Neuartiges_Coronavirus/Projekte_RKI/StopptCOVID_studi e.html

Samuelson, William und Richard Zeckhauser (1988) Status Quo Bias in Decision Making. *Journal of Risk and Uncertainty*, 1: 7–59.

Schulze, Günther (2020) Was bleibt? In: Bernd Kortmann, Günther G. Schulze (2020) [Hg.] *Jenseits von Corona*, Unsere Welt nach der Pandemie – Perspektiven aus der Wissenschaft, Bielefeld: transcript, pp. 297–308.

SIPRI (2021) SIPRI Military Expenditure Database 2021, https://www.si pri.org/databases/milex.

SVR (2022) Sachverständigenrat zur Begutachtung der gesamtwirtschaftlichen Entwicklung, Jahresgutachten 2022/23, https://www.s achverstaendigenrat-wirtschaft.de/jahresgutachten-2022.html.

Thaler, Richard, Amos Tversky, Daniel Kahneman und Alan Schwartz (1997) The Effect of Myopia and Loss Aversion on Risk Taking: An Experimental Test, *Quarterly Journal of Economics*. 112(2): 647–661.

Thumann, Michael (2023) *Revanche*. Wie Putin das bedrohlichste Regime der Welt geschaffen hat, Beck: München.

Trebesch, Christoph, Arianna Antezza, Katelyn Bushnell, André Frank, Pascal Frank, Lukas Franz, Ivan Kharitonov, Bharath Kumar, Ekaterina Rebinskaya and Stefan Schramm (2023) The Ukraine Support Tracker: Which countries help Ukraine and how?, Kiel Institute for the World Economy: Kiel Working Paper No. 2218 February 2023.

UNROCA United Nations Register of Conventional Arms (2023), https://www.unroca.org/.

Wehrbeauftragte des Deutschen Bundestages (2022) *Jahresbericht 2021*, Deutscher Bundestag, Drucksache 20/900, 20. Wahlperiode, 15.03.2022.

Wiegold, T. (2018) Materiallage der Bundeswehr: Mehr Übungen, mehr Beanspruchung – weniger einsatzbereit, Augen geradeaus!, 26.2.2018, https://augengeradeaus.net/2018/02/materiallage-der-b undeswehr-mehr-uebungen-mehr-beanspruchung-weniger-einsa tzbereit/ (18.7.23).

Wissenschaftlicher Dienst des Deutschen Bundestages (2022) Dokumentation, Impfpflicht gegen Covid-19, Verfassungsrechtliches Schrifttum im Jahr 2022, WD 3 – 3000 – 050/22.

World Bank Group und Global Facility for Disaster Reduction and Recovery (2021) Enabling Private Investment in Climate Adaptation & Resilience, https://openknowledge.worldbank.org/bitstream/ha ndle/10986/35203/Enabling-Private-Investment-in-Climate-Adapt ation-and-Resilience-Current-Status-Barriers-to-Investment-and -Blueprint-for-Action.pdf?sequence=5.

Mut zum Frieden?
Wie der Ukraine-Krieg das pazifistische Denken verändert hat[1]

Walther Ch. Zimmerli

»Mönchlein, Du tust einen schweren Gang«, hat der Landsknechtsführer Georg von Frundsberg angesichts von Martin Luthers Auftritt vor dem Reichstag zu Worms 1521 gesagt. Einen solchen schweren Gang tut heute, wer dem Pazifismus das Wort reden will. Weltweit hat der Krieg in der Ukraine dazu geführt, dass sich – abgesehen von der unvermeidlichen, aber doch sichtlich geschrumpften Schar ewig Friedensbewegter, etwa der »Stopp Ramstein«-Initiative, oder der Gruppe um das Manifest von Alice Schwarzer und Sahra Wagenknecht vom Februar 2023 – kaum noch jemand traut, sich offen zum Pazifismus zu bekennen. Und nach der Ermordung Shinzo Abes gewinnen selbst in Japan, das sich gemäß Artikel 19 seiner Verfassung konstitutionell pazifistisch versteht, die Stimmen an Einfluss, die eine Verfassung ohne besagten Artikel wollen.

Parallel zu dieser Entwicklung hat seit Beginn des Ukrainekrieges der Begriff »Zeitenwende« sein Schattendasein in der esoterischen und völkischen Schmuddelecke abgestreift; er ist – nicht zuletzt aufgrund seiner Verwendung durch den deutschen Bundeskanzler Olaf Scholz in seiner Regierungserklärung vom 27. Februar 2022 – zu einer »Bezeichnung für den Abschied von einer regelbasierten Weltordnung« (Herfried

---

1 Frühere Fassungen dieses Essays sind vor wie nach Beginn des Ukraine-Kriegs erschienen. 2018 unter dem Titel »Si Vis Pacem Para Bellum. On the Indispensable Pitfalls in the Piecemeal Engineering of Peace« in dem Pazifismus-Sonderheft der »Studies in Christian Ethics« sowie 2022 zum einen unter dem Titel »Pazifismus muss mehr sein als Lifestyle« in der Neuen Zürcher Zeitung vom 07. April 2022 und zum anderen als »›Wenn Du Frieden willst...‹ im Online-Magazin »Sprache für die Form« 19/20, 2022.

Münkler) avanciert. Damit ist allerdings zugleich auch eine Abkehr von der Abkehr gemeint: Der labile Friedenszustand zwischen 1945 und 1989 war durch ein ›Gleichgewicht des Schreckens‹ definiert, das seinerseits durch ein permanentes – auch atomares – Wettrüsten aufrechterhalten wurde. Dieses Gleichgewicht war jedoch nach dem Zerfall des als ›Ostblock‹ bezeichneten Imperiums der um die Sowjetunion gescharten Staaten des Warschauer Paktes de facto aufgehoben worden. Seither hatten wir in den westlichen Demokratien uns in der trügerischen Hoffnung gewiegt, eine permanente multilaterale Abrüstung stelle eine hinreichende Garantie für eine erfolgreiche Abkehr von dem bilateralen Gleichgewicht des Schreckens dar. Schon damals waren allerdings kritische Stimmen laut geworden, die davor warnten, dass der damit verbundene ›Verlust des Feindbildes‹ eine destabilisierende Wirkung haben könnte. Die zahlreichen bewaffneten Konflikte seit 1989, auch an den Rändern Europas, an denen nach G. Konrad »der Wahnsinn kicherte«, hätten uns das auch eindrücklich bestätigen können, wenn wir nur darauf gehört hätten. Spätestens jetzt aber erleben wir in der besagten Zeitenwende die Abkehr von dieser Abkehr. Und wir beginnen zu ahnen, dass der von Putin mit fadenscheinigen ›fake news‹ vom Zaun gebrochene Ukrainekrieg nicht bloß Ausgeburt eines paranoiden nationalistischen Diktatorengehirns sein, sondern einer »geopolitischen Neuordnungsidee« folgen könnte. Vor diesem Hintergrund taucht hinter der nun bereits seit mehr als einem Jahr immer wieder erhobenen Forderung nach einem Waffenstillstand die bange Frage auf, wie denn das Verhältnis von Krieg und Frieden heute zu denken ist. Anders: ob eine politische Einstellung, die als ›Pazifismus‹ bezeichnet wird, nach dem 24. Februar 2022 überhaupt noch eine Berechtigung hat.

Was aber ist ›Pazifismus‹? Um diese Frage einer – philosophischen – Klärung zuzuführen, hat der Berliner Philosoph Olaf Müller Ende 2022 im Reclam-Verlag seinen ausführlichen Essay »Pazifismus. Eine Verteidigung« veröffentlicht. Anders als bei Müllers pragmatistischer Gesamtschau, die (mit guten Gründen) davon ausgeht, ›Pazifismus‹ als eine Einstellung zu verstehen, die sich an einem kategorischen Kriegsverbot orientiert, wird hier der umgekehrte Zugang gewählt. Dabei soll es an dieser Stelle vorläufig ausreichen, unter ›Pazifismus‹ nicht mehr (aber auch nicht weniger) zu verstehen als eine Einstellung, die sich primär nicht negativ am Kriegsverbot, sondern positiv an der Erhaltung oder Herbeiführung einer Situation orientiert, die wir als ›Frieden‹ bezeichnen. Damit werden wir allerdings um das Thema der

Kriegsvermeidung nicht herumkommen und haben außerdem unsere Frage nur um einen Schritt weiter nach hinten verschoben; sie heißt nun: Was verstehen wir unter ›Frieden‹?

Fragen dieser Art sind Definitionsfragen, die – je nach philosophischer Observanz – in Platonischer Manier substantialistisch nach dem Wesen von etwas oder in Wittgensteinscher Manier sprachphilosophisch nach der Verwendung eines Wortes fragen. Aufgrund der Einsicht in die Vergeblichkeit jedes Versuchs einer substantialistischen Bestimmung des Wesens von Frieden soll hier der andere Weg gewählt werden: der einer exemplarischen Diskussion der Verwendung des Wortgebrauchs von ›Frieden‹ im Spannungsfeld anderer damit zusammenhängender Begriffskontexte. Erst im Verlauf dieser Überlegungen werden sich dann Möglichkeiten herauskristallisieren, das Feld der Verwendungsweisen der Begriffe ›Frieden‹ und ›Pazifismus‹ sukzessive aus verschiedenen Perspektiven einzugrenzen, d.h. zu definieren. Auch hierfür wird es aber eines gewissen – wenn auch anders gearteten – Mutes bedürfen, da Begriffe dieser Art immer normativ aufgeladen sind; hinter jeder Ecke lauert gleichsam die Gefahr politischer Unkorrektheit.

Bei diesem Unterfangen soll in einem ersten Schritt das Wortfeld von ›Frieden‹ so analysiert werden, dass er als Reflexionsbegriff konstruiert, d.h. seine Bedeutung durch Gegenüberstellung mit seinem Gegenbegriff ›Krieg‹ aufgespannt wird (I). Daraufhin soll zweitens die innere Widersprüchlichkeit des Friedensbegriffs anhand seines Extrems, des ›ewigen Friedens‹, diskutiert (II) und sodann an zwei Typen eines expliziten Pazifismus exemplarisch ausbuchstabiert werden (III), um daraus eine Typologie des Pazifismus abzuleiten (IV) und abschließend über eine Typologie des Friedens zu einem besseren Verständnis dessen zu kommen, wie der zu gewinnende Frieden aussehen könnte, wenn es sich denn so verhalten sollte, dass – wie alle Kriege – auch der in der Ukraine nicht zu gewinnen ist (V).

Genau für diese Überlegungen aber bedarf es des Mutes, von ausgetretenen Bahnen des Denkens abzuweichen und sich auf Neues einzulassen. Von der Mesotes-Ethik des Aristoteles können wir lernen, dass Mut als Tugend der anzustrebende mittlere Zustand zwischen Feigheit und Tollkühnheit ist, der allerdings immer Gefahr läuft, von beiden Seiten, der der Tollkühnen wie der der Feigen, verteufelt zu werden.

1. Von unserer Logik in die Irre geführt

Bei dem Versuch, den Pazifismus auf diese Weise neu zu denken, gilt es allerdings, zuvörderst noch mehr Mut aufzubringen: den Mut nämlich, ein übermächtiges Hindernis zu überwinden, das unser Denken gleichsam ›hinter unserem Rücken‹ prägt: unsere Logik. Gemeint sind damit nicht die Lehrmeinungen der philosophischen Disziplin der Logik, sondern die impliziten Selbstverständlichkeiten unseres Denkens, und hier vordringlich eine der wichtigsten logischen Grundoperationen, die der Negation. Zwar wissen wir theoretisch, dass es einen gewichtigen Unterschied zwischen Kontradiktion und Kontrareität gibt, anders und weniger technisch ausgedrückt: dass es zu jedem A mehr als nur ein Non-A gibt. Aber in unserer impliziten Logik reduzieren wir intuitiv das eine auf das andere: Was für die logischen Werte Wahr und Falsch gilt, wird auf alles übertragen. Wer nicht für mich ist, ist gegen mich, was nicht gut ist, ist böse. Und das geht auch auf der nächsten Anwendungsstufe der Negation weiter, so dass die Negation der Negation – ähnlich wie in der Mathematik Minus mal Minus Plus ergibt – die erste Negation vermeintlich wieder aufhebt. Auf unseren Fall angewendet: Die derzeit erforderliche Abkehr von der Abkehr des Wettrüstens scheint nur einen Weg zu kennen: den der Rückkehr zum Wettrüsten.

Überwältigt von der Flut grauenvoller Zerstörungsbilder, die jedenfalls uns im Westen täglich überschwemmen, tendieren viele von uns zu dieser Konsequenz. Aber schon ein einfacher Gedanke zeigt, dass das nicht zutrifft und dass wir den Mut haben müssen, uns das einzugestehen: Selbst wenn der gegenwärtige Kriegszustand durch einen Waffenstillstand unterbrochen und irgendwann einmal sogar durch einen Friedensschluss beendet würde, wäre der erreichte ›Frieden‹ nicht derselbe wie der vor dem russischen Überfall auf die Ukraine am 24. Februar 2022. Zu viel ist in der Zwischenzeit geschehen, zu viel ist zerstört, zu viele Menschen sind getötet, vertrieben oder deportiert worden, als dass wir uns den Frieden, um den es hier geht, einfach nur als eine Wiederherstellung des *status quo ante* denken könnten. Und vielleicht müssen wir sogar den Mut haben uns einzugestehen, dass nicht nur weder Russland noch die Ukraine, sondern auch weder die EU noch die NATO nach diesem Krieg dieselben sein werden wie vorher. Auch daraus wird sich eine geopolitische Neuordnung ergeben – wenn auch etwas anders als von Putin angestrebt...

2. Das Missverständnis vom ewigen Frieden

Mut brauchen wir auch, um ein weiteres Hindernis zu überwinden, das uns bei dem Versuch im Wege steht, das Verhältnis von Krieg und Frieden neu zu denken, ohne dabei in den vorherigen Zustand des Gleichgewichts des Schreckens zurückzufallen. Dieses Hindernis liegt im Verständnis der leitenden Friedensidee selbst.

Was damit nämlich eigentlich vorschwebt, ist nicht Neville Chamberlains pragmatisch reduzierte Appeasement-Formel »peace for our time«, sondern der zeitlich unbegrenzte, auch schon biblisch zugesicherte ewige »Frieden auf Erden« (Lk. 2:14). Bekanntlich war es kein Geringerer als der große Königsberger Philosoph Immanuel Kant, der 1795 in seiner Schrift »Zum Ewigen Frieden« unter Bezugnahme auf ein satirisches holländisches Wirtshausschild desselben Wortlauts, auf dem ein Friedhof gemalt war, das zugrunde liegende Missverständnis ansprach: Ewiger Friede ist das – niemals zu realisierende und trotzdem mit Notwendigkeit immer vorschwebende – kosmopolitische Leitideal. Damit dieses jedoch nicht nur ein ›süßer Philosophentraum‹ bleibt, ist es erforderlich, es realistisch zu hinterlegen, d.h. seine innere Widersprüchlichkeit zu akzeptieren. Weder steht damit der ausschließende Gegensatz von Krieg und Frieden im Blick, noch eine erst im Jenseits anzusiedelnde paradiesische Situation; gemeint ist vielmehr eine permanente Aufgabe, deren Lösung Schritt für Schritt – »piecemeal«, wie Popper sagen würde – immer wieder im Einzelnen auszuhandeln ist. Insofern erweist sich der ukrainische Präsident Wolodimir Selenskyi als guter Kantianer, wenn er – scheinbar widersprüchlich – sowohl seine Landsleute immer wieder dazu aufruft, nicht nachzulassen in ihrem Widerstand gegen die russische Aggression, als auch in derselben Ansprache zugleich seine Bedingungen für Friedensverhandlungen nennt.

Kurz und mit Hilfe einer Analogie zum Verhältnis von Krankheit und Gesundheit formuliert: Gesundheit ist – recht verstanden – nicht die vollständige und immer andauernde Abwesenheit von Krankheit, sondern die Art und Weise, wie ein Lebewesen mit seinen Krankheiten umgeht. Dementsprechend ist Frieden nicht als die vollständige und permanente Abwesenheit von kriegerischen oder kämpferischen Auseinandersetzungen, sondern als die Art und Weise zu verstehen, wie die antagonistischen Parteien mit ihren kriegerischen oder kämpferischen Handlungen sowie mit denjenigen der anderen Seite umgehen. Allerdings bestand Kants diesbezüglicher Vorschlag darin, auf diesem Wege schrittweise die notwendigen Bedingungen für eine weltbürgerliche Gesellschaft zu realisieren. Damit wäre aber genau die ›regelbasierte Weltordnung‹ im Blick, die durch den völkerrechtswidrigen Überfall von Putins Russland auf die Ukraine *de facto* aufgekündigt wurde. So betrachtet, passt wahrscheinlich das, was ›Kalter Krieg‹ genannt wurde und was wir überwunden zu haben meinten, besser zu Kants Friedenskonzept als die steilsten explizit pazifistischen Überzeugungen. Das bedeutet, dass wir uns in Europa bis zu Putins Aufkündigung des vermeintlich vertraglich abgesicherten *status quo* bereits in einem Zustand des ›kalten Friedens‹ unterwegs zu einer weltbürgerlichen Gesellschaft im Sinne Kants befunden haben.

3. Gewaltlosigkeit, Macht und zahnloser Pazifismus

Das 20. Jahrhundert kannte mindestens zwei exemplarische Typen von Vorbildern (›role models‹) für über die Kantische Minimalvorstellung hinausgehende explizit pazifistische Überzeugungen: den ›Gandhi‹- und den ›Flower-Power‹-Typ. Und erneut bedarf es des Mutes, sich der suggestiven Kraft dieser Typen zu entziehen und sie sich genauer anzusehen:

Es ist hinlänglich bekannt, dass Mahandas (später: Mahatma) Karamchand Ghandi der indische *spiritus rector* der Kampagnen war, die man als ›gewaltfreien zivilen Ungehorsam‹ (›Satyagraha‹) bezeichnet. Weniger gut bekannt ist, dass er damit schon 1893 begann, um die Rassendiskriminierung in Südafrika zu bekämpfen. Und noch weniger wird über die Bedeutung der Gewalt in seinem Leben nachgedacht, etwa über das Massaker von Amritsar 1919, das eines der Resultate seiner Satyagraha-Kampagne für gewaltlose Streiks gegen den Rowland Act in England war. Und so war das ganze Leben dieser Vorbildfigur der Gewaltlosigkeit von der Wechselwirkung von Gewalt und gewaltlosem zivilen Ungehorsam geprägt. Sein sichtbarster Beitrag zur Unabhängigkeit Indiens etwa hatte die Trennung von Indien und Pakistan zur Folge, an der sich unmittelbar Gewaltexzesse zwischen Hindus und Moslems entzündeten. Und schließlich wollte es die Ironie der Realgeschichte, dass er, der sein ganzes Leben lang Gewaltlosigkeit verkündete und vorlebte, selbst Opfer einer Gewalttat wurde.

Der ›Flower-Power‹-Typ (Allen Ginsberg) gewaltlosen Widerstands, der in den 60er Jahren in San Francisco begann und sich schnell in der

ganzen westlichen Welt verbreitete, war nicht so sehr mit einer individuellen spirituellen oder politischen Führergestalt verbunden, sondern
entsprang eher einer Mischung von freier Liebe, Anti-Vietnamkriegs-
und Hippiebewegung (›Make love, not war!‹). Er drückte sich in Kunst,
Musik und Lifestyle aus und gebar einen Pazifismus, der schnell zu
einem subkulturellen Megatrend wurde.

Bei genauerer Betrachtung
allerdings zeigt sich, dass auch dieses pazifistische role model unter
bestimmten Bedingungen, etwa denjenigen einer missverstandenen
Studentenrevolte, schnell und fast übergangslos in terroristische Gewalt
umschlagen kann, wie das Beispiel der RAF (Rote Armee Fraktion) in
der Bundesrepublik Deutschland zeigte.

Beide Beispiele illustrieren das, was ich den »dialektischen Charakter des expliziten Pazifismus« nennen möchte: Obwohl er durchaus zu
einer politischen (und ökonomischen) Macht werden kann, ist seine Gewaltlosigkeit allein nicht in der Lage, Gewalt zu verhindern. Man ist sogar versucht zu sagen, dass es eines der Kennzeichen dieses *zahnlosen Pazifismus* ist, nahezu alles verändern zu können – nur nicht das, zu dessen
Veränderung er angetreten war.

4. Paradox der Gewalt, parasitärer und wehrhafter Pazifismus

Das in diesen – ernüchternden – Überlegungen zu den problemati-
schen Vorbildgestalten eines expliziten Pazifismus sich abzeichnende
Muster ist das eines *Antagonismus*. Schon Hegel hatte seit Beginn seines
philosophischen Wirkens darauf insistiert, dass Leben sich dadurch
auszeichnet, dass es »ewig entgegensetzend sich bildet«. Das gilt
nicht nur zwischen politischen Akteuren, sondern auch innerhalb
derselben: Staatsrechtlich gesehen, lässt sich daher eine (relative) Ge-
waltfreiheit am besten durch ein System der Delegation von Gewalt an
den Staat (›Gewaltmonopol des Staates‹) garantieren. Antagonismen,
die, so verstanden, die Grundprozesse von Leben, Krieg und Frieden
ausmachen, sind damit als Charakteristika auch des von uns gesuchten
besseren Verständnisses von Pazifismus anzusehen.

Hinter dieser Dialektik von Antagonismen steht das, wie wir sagen können, ›Paradox der Gewalt‹. Dieses äußert sich allerdings noch
sehr viel direkter in dem bereits erwähnten Konzept der Abschreckung
(›deterrence‹). Im Falle politischer Akteure zeigt sich nämlich, was wir

bereits aus der Nicht-Gleichgewichts-Thermodynamik wissen: Gleichgewichtszustände sind keineswegs die friedlichsten oder kreativsten; sie bilden eher das ab, was in Kants Beispiel durch das Friedhofsbild repräsentiert ist, Erstarrung ohne Innovation. Das mag auch der Grund dafür sein, dass ausgerechnet Reagan und Gorbatschow als die bedeutendsten friedenspolitischen Führungspersönlichkeiten des 20. Jahrhunderts gelten: weil sie es verstanden, durch subtile Dosierung der gegenseitigen Abschreckung nicht die pazifistisch geforderte generelle Abrüstung, sondern das Wettrüsten zu regulieren. Anders: Das ›tit for tat‹ des vermeintlich kriegsverhindernden Gleichgewichts des Schreckens lässt sich offenbar nicht nur durch Auf-, sondern auch auch durch bi- oder multilaterale Abrüstung aufrechterhalten.

Allerdings wussten schon die Römer: »Wenn Du Frieden willst, bereite den Krieg vor (Si vis pacem para bellum)!« Eine genaue Zuschreibung dieser Formel zu einem einzelnen Autor ist nicht möglich, und das spricht dafür, dass sie seit der Antike als allseits bekannte sprichworthafte und selbstverständliche Volksweisheit galt. Angesichts der Entwicklung des Krieges in der Ukraine fällt es schwer, sich der Einsicht in die Berechtigung dieser Volksweisheit zu entziehen. Wenn man nicht weiterhin den billigen Ausweg eines *parasitären Pazifismus* wählt, der nach dem St. Floriansprinzip den eigenen Frieden in den Ländern Mitteleuropas dadurch erkauft, dass er die Kriege anderswo und von anderen Akteuren ausfechten lässt (und diese allenfalls noch finanziell und vielleicht mit schweren Waffen unterstützt), bedarf es des Mutes, erneut ein Verständnis von Frieden zu entwickeln, das man als *wehrhaften Pazifismus* bezeichnen kann. Das gilt natürlich für die große EU und die NATO, aber – auch und gerade jetzt wieder – für Länder wie die kleine neutrale Schweiz.

5. Welchen Frieden wollen wir?

Noch ist ein belastbarer, von der Ukraine wie von Russland eingehaltener Waffenstillstand nicht in Sicht, von einem dauerhaften, wenn auch im erwähnten Sinne dialektischen Frieden ganz zu schweigen. Trotzdem macht es aber guten Sinn, sich jetzt schon Gedanken darüber zu machen, wie im Lichte dieser Überlegungen ein zukünftiger Frieden zwischen der Ukraine und Russland aussehen könnte. Allerdings bedarf es

auch hier wieder des Mutes, in diesem Falle des Mutes, auch Unwahr-
scheinliches, sicher aber Unpopuläres zu denken.

Für unseren Zusammenhang mag es genügen, drei Typen des Friedens zu unterscheiden, um eine genauere Vorstellung des angestrebten Friedens zu erhalten: den Versailles-, den Marshallplan- und den Typus der Ukraine Recovery Conference URC (URC, s.u.). Anders als Des-
mond Tutu im Gefolge Hegels meinte, trifft es nämlich nicht zu, dass
wir nichts aus der Geschichte lernen können. Vielmehr zeigt uns die Geschichte mindestens des ausgehenden 20. und des beginnenden 21. Jahrhunderts, dass wir, wenn wir Frieden wollen, bei allem Antagonismus
Formen des Friedens vermeiden müssen, die den Keim für einen neuen
Krieg bereits in sich tragen. Ein Beispiel dafür ist der mit bekanntlich fa-
talen Folgen als ›Schmachfrieden‹ bezeichnete Friedensschluss von Versailles. Zwar wissen wir, dass insbesondere nach einem Krieg von solchen Ausmaßen wie es der Erste Weltkrieg war, auch die Sieger in gewisser Hinsicht zu den Verlierern zu zählen sind. Trotzdem kann man aus
Versailles lernen, dass es ein gravierender welthistorischer Fehler war,
die militärisch unterlegene Seite nach Beendigung der Kampfhandlungen durch massive Reparationsforderungen etc. weiter ›bluten‹ zu lassen.

Die Lehre aus diesem Fehler, die nach dem Zweiten Weltkrieg die
Alliierten, allen voran die USA, zogen, hatte einen Frieden zur Folge,
der eng mit dem Begriff des ›Marshallplans‹ verbunden ist. Im Ausgang von dem Gedanken, dass wachsender Wohlstand einen schlechten
Nährboden für revanchistische Gelüste abgibt, schuf der Marshallplan
die Voraussetzungen für das wirtschaftliche Prosperieren auch der militärisch unterlegenen Seite und somit das, was wir in der Sprache der
Wirtschaftswissenschaften eine ›Win-win-Situation‹ nennen. Nun ist
in jüngster Zeit viel von einem ›Marshallplan‹ für die Ukraine die Rede,
und zuweilen hört man auch, dass die ›Ukraine Recovery Conference
(URC 2022) ‹, die erstmals am 4. und 5. Juli 2022 in Lugano stattfand,
die sieben Kernpunkte eines solchen neuen Marshallplanes bereits
formuliert hätte.

Allein übersieht eine solche Behauptung die entscheidenden Diffe-
renzen: Obwohl immer wieder die Rede von Deutschland auf der einen
und den Siegermächten auf der anderen Seite ist, wenn von der Zeit nach
1945 gesprochen wird, und das vielleicht im engeren militärischen Sinne auch zutreffen mag, gab es in wirtschaftlicher Hinsicht nach dem
Zweiten Weltkrieg viele Verlierer, aber nur die USA können als ›Gewin-

ner‹ bezeichnet werden. Dass es sich bei dem später mit dem Friedens-
nobelpreis ausgezeichneten George C. Marshall, von dem die Anregung
für einen solchen Plan ausging, um einen US-amerikanischen Außenminister handelte, ist daher auch kein Zufall. Zudem handelte es sich dabei um ein Programm zum Wiederaufbau der Wirtschaft nicht nur von
Deutschland, sondern von ganz Europa (›European Recovery Program‹),
in das auch die anderen ›Siegermächte‹ mit einbezogen waren. Und wie
aus der Gegenüberstellung zu einem Reparationsfrieden à la Versailles
bereits deutlich wird, war der Marshallplan Teil eines groß angelegten
Versuchs, alle europäischen Nationen, vordringlich aber den Verlierer
des Kriegs, das militärisch unterlegene deutsche Reich, in die Lage zu
versetzen, Mitspieler in der sich abzeichnenden marktwirtschaftlichen
westlichen Weltordnung und damit zugleich ein Bollwerk gegen den von
der Sowjetunion angeführten kommunistischen Osten zu werden. Und
da überrascht es nicht, dass diese und die Staaten in ihrem Einflussbe-
reich diesen Plan ablehnten. So betrachtet, zeigt sich auch hier die be-
schriebene Dialektik von Krieg und Frieden, führte der Marshallplan-
Frieden doch mehr oder minder direkt zum Kalten Krieg und müsste
dementsprechend eigentlich als ›Kalter Frieden‹ (s.o.) bezeichnet werden.

Was hingegen in der URC seit 2022 im Blick war und in die Lugano-
Prinzipien mündete, sollte zwar gegenüber dem russischen Aggressor
vermutlich eine ähnliche Abgrenzungsfunktion erfüllen, ist aber ebenso
wie der Ukrainekrieg selbst etwas noch nie Dagewesenes: Noch lange
bevor sich eine militärische Entscheidung auch nur abzeichnet, ver-
suchten in diesem niemals offiziell erklärten Krieg, der sich durch de
facto existierende, aber niemals offiziell erklärte militärische Allianzen
auszeichnet, die Vertreter der bisherigen, von Russland aufgekündigten
Weltordnung durch die Unterstützung des Wiederaufbaus der durch
Russland zerstörten Ukraine ihrerseits eine neue geopolitische Situation herzustellen. Da das – in gegenläufiger Tendenz – aber auch das
Ziel Russlands war (und immer noch ist), ist damit ein in noch aus-
geprägterem Sinne antagonistischer Zustand eines ›kalten Friedens‹
im Blick, der mit den Schalmeienklängen der Botschaft eines himmli-
schen Friedens in der Tat nahezu nichts mehr zu tun hat. Um es erneut
paradox zu formulieren: Was machtpolitisch als ›militärische Operation‹ zur Arrondierung des Einflussbereichs des Hegemonieanspruchs
Russlands durch Annullierung der Eigenstaatlichkeit der Ukraine begann, könnte – militärisch wie ökonomisch – in den Dauerzustand der

Einbeziehung der Ukraine in die westlich dominierte Marktwirtschaft münden, realpolitisch in NATO und EU, das heißt aber in einen ›Frieden‹ als Antagonismus einer auf Permanenz gestellten militärischen Konfrontation.

Haben wir den Mut, einen solchen Frieden zu wollen? Müssten wir nicht sogar den Mut aufbringen, je nach weiterem Verlauf der Kampfhandlungen, einmal über einen Marshallplan für das sich selbst Schritt für Schritt immer weiter in die Arme Chinas treibende Russland nachzudenken? Gewiss: dahin wäre es noch ein weiter Weg, auf dem viele Hürden zu nehmen wären. Zu meinen, es wäre dafür ausreichend, wenn an der Spitze Russlands nur jemand anders stünde als Vladimir Putin, da dies ja nicht ein Krieg Russlands, sondern nur der ›Krieg Putins‹ sei, wäre gewiss blauäugig – insbesondere angesichts möglicher personeller Alternativen. Man möge sich nur einmal vorstellen, wie sich ein Russland verhalten hätte, das von einem Prigoschin statt von einem Putin geführt worden wäre! Und allzu stark scheint in Russland immer noch die Zustimmung zu diesem Krieg (oder zumindest das Desinteresse an seiner Beendigung) zu sein. Was aber ein Resultat von Prigoschins gescheitertem Putschversuch sein könnte, ist genau dies: ein weiteres Bröckeln der Zustimmung zu diesem Krieg in der russischen Bevölkerung. Und was sich im Gefolge dieses Prozesses ebenfalls ändern könnte, ist die Wahrnehmung der wirtschaftlichen Folgen. Zwar haben die massivsten Sanktionen der Geschichte die russische Wirtschaft bislang noch nicht in die Knie gezwungen. Aber es mehren sich die Anzeichen dafür, dass Russland eine weitere exponentielle Kosteneskalation durch eine Fortsetzung dieses Krieges nicht mehr lange durchstehen kann. Das mag zwar Wunschdenken sein, ist aber mindestens für das Szenario eines Marshallplans für Russland eine notwendige Bedingung.

Angesichts der Gräuel und Kriegsverbrechen des letzten Jahres einen wehrhaften Pazifismus zu vertreten, der aber zugleich die Forderung nach einem Marshallplan für Russland als notwendige Bedingung für einen nachhaltigen Frieden postuliert, stellt in der Tat einen ›schweren Gang‹ dar. Dafür bedarf es eben nicht nur des Mutes, ausgetretene Denkpfade zu verlassen, sondern auch des noch viel grundlegenderen Mutes, für eine Situation jenseits der Dichotomie von ›Gut und Böse‹, in anderen Worten: für eine neue Weltordnung, politisch einzutreten. Und wer traut sich das heute schon?

Mut im Alltag
Eine persönliche Annäherung in zehn Schritten

Andreas Voßkuhle

Meine Generation der Baby-Boomer (Jahrgang 1963) ist in postheroischen Zeiten aufgewachsen. Mut war für mich und die meisten meiner Schulkamerad:innen keine wichtige Kategorie. Wir wollten kritisch, vorurteilsfrei, offen und vieles mehr sein, aber nicht unbedingt mutig. Mut und Tapferkeit waren aus unserer Sicht militärisch geprägte Begriffe, die wir mit der nationalistischen Propaganda im Ersten und Zweiten Weltkrieg verbanden. Sie erinnerten an Ernst Jüngers Roman »In Stahlgewittern«, den manche aus dem Deutsch-Unterricht oder von Zuhause kannten, und passten nicht zu unserer auf Freiheit, Frieden, Gleichberechtigung und Demokratisierung ausgerichteten Haltung. Allenfalls für Zivilcourage hatten wir etwas übrig. Wir wollten schon für das ›Richtige‹ eintreten, Bewusstsein und Bereitschaft, dafür unter Umständen einen hohen Preis zahlen zu müssen, war aber in meiner Erinnerung nicht sehr ausgeprägt; wir stritten eher darüber, was das Richtige ist. Meine ersten persönlichen Vorbilder in Sachen Zivilcourage hießen damals Johnny, Sebastian, Mats und Martin und entstammten allesamt dem Buch »Das fliegende Klassenzimmer« von Erich Kästner. Später schwärmten viele meiner Freund:innen für Mahatma Ghandi, Martin Luther King oder Nelson Mandela. Die waren auch irgendwie mutig, aber vor allem verachteten sie Gewalt und Unterdrückung. Das machte ihre besondere Strahlkraft aus. Mut sollte erst sehr viel später zu einer meiner Lieblingstugenden werden. Warum und vor allem: Was kennzeichnet Mut?

1. In der antiken Tugendlehre, etwa bei *Platon*, galt Tapferkeit als eine der Kardinaltugenden neben Weisheit, Besonnenheit und Gerechtigkeit.[1] Teilweise wurde sie sogar als Inbegriff der Tugend überhaupt verstanden. Ursprünglich bedeutete der griechische Begriff Tapferkeit ›Mannhaftigkeit‹. Nach *Seneca* ist Tapferkeit »wissende Fähigkeit, zu unterscheiden, was schlecht ist und was nicht. Besonders sorgfältig ist die Tapferkeit mit dem Schutz der eigenen Person und ebenso geduldig, das zu ertragen, was sich den Anschein von Übeln gibt.« Er gleicht damit die Tapferkeit in gewisser Weise der ›phronesis‹ an, also dem rationalen Vermögen der angemessenen Beurteilung eines Handlungsziels und damit einer Bedingung jeglichen tugendhaften Handelns.[2] *Cicero* definiert Tapferkeit als »Annehmen der Gefahr und Erdulden von Mühsal«.[3] Im Deutschen wird erst seit dem 16. Jahrhundert neben Tapferkeit der Begriff ›Mut‹ verwendet,[4] wobei unter diesem Begriff »hauptsächlich das beherzte innere Verhalten angesichts drohender Gefahren verstanden wird, während Tapferkeit eher die soldatische

---

1   Zur Tugendlehre und ihren Ursprüngen vgl. statt vieler *Josef Pieper*, Das Menschenbild der Tugendlehre, Werke Bd. 4, 1996. Ein einflussreiches Plädoyer für eine Wiederbelebung der aristotelischen Tugendlehre bei *Alasdair MacIntyre*, After Virtue. A Study in Moral Theory, 1981.

2   Die ambivalente Einordnung der Tapferkeit als eine von vielen Tugenden und als die Tugend schlechthin zeichnet sich bereits bei einem der ersten Belege für die vier Kardinaltugenden ab, nämlich bei *Aischylos* in seiner Tragödie »Die Sieben gegen Theben« (Vers 610). Neben Besonnenheit, Gerechtigkeit und Frömmigkeit, dem Vorläufer der nachmaligen Weisheit, steht im Griechischen ›agathos‹, ein Wort, das gemeinhin mit ›tapfer‹ übersetzt wird, aber auch mit ›gut‹. Aus heutiger Zeit vgl. nur *Andreas Dick*, Mut. Über sich hinauswachsen, 2010, S. 60: »Ohne Mut sind nämlich alle anderen Tugenden hinfällig. Was nützen Ehrlichkeit, Aufrichtigkeit, Klugheit, Gerechtigkeitssinn, Liebesfähigkeit, Willensstärke oder Optimismus, wenn im entscheidenden Moment, dann, wenn es darauf ankommt, der Mut versagt und sich diese hervorragenden Charaktereigenschaften nicht zeigen können? Der Mut ist nicht wie jede andere Tugend. Mut ist etwas, das den anderen Tugenden erst ermöglicht, sich wirkungsvoll zu entfalten. Mut ist der Schrittmacher oder Katalysator für alle anderen Tugenden.«

3   Nachweise der Zitate bei *Karl Alfred Bühler*, Tapferkeit, in: *Joachim Ritter/Karlfried Gründer* (Hg.), Historisches Wörterbuch der Philosophie, Bd. 10, 1998, Sp. 894f.

4   Zur Etymologie des Wortes vgl. nur https://www.dwds.de/wb/dwb/mut.

Tugend kämpferischer Stärke und Unerschrockenheit bezeichnet«.[5] Heutzutage wird über Mut und Zivilcourage viel in den Politik- und Erziehungswissenschaften sowie der Sozialpsychologie nachgedacht,[6] zu einer endgültigen Klärung, was Mut bedeutet, haben die dort angestellten Überlegungen aber nicht geführt.[7] Handelt es sich bei Mut um eine Charaktereigenschaft, eine innere Kraft, die es einem ermöglicht, sich trotz Widerstand und Gefahren für eine als richtig und notwendig erkannte Sache einzusetzen? Handelt es sich um eine Fähigkeit, die man erlernen kann?[8] Handelt es sich lediglich um Handlungsweisen zur Selbstertüchtigung oder zur Erlangung sozialer Anerkennung, wie die Mutprobe suggeriert?[9] Hat Mut etwas mit Moral und Wertebewusstsein zu tun oder kann man auch unmoralisch mutig sein wie etwa der von Clint Eastwood verkörperte Kopfgeldjäger in seinem nachdenklichen Film »Erbarmungslos«?[10] Noch komplizierter werden die Dinge, wenn

---

5   *Karl Alfred Bühler*, Tapferkeit, in: *Joachim Ritter/Karlfried Gründer* (Hg.), Historisches Wörterbuch der Philosophie, Bd. 10, 1998, Sp. 896. Vgl. auch *Andreas Dick*, Mut (Fn. 2), S. 13ff.

6   Vgl. z.B. *Dick*, Mut (Fn. 2); *Gerd Meyer*, Mut und Zivilcourage. Grundlagen und gesellschaftliche Praxis, 2014; *ders.*, Lebendige Demokratie. Zivilcourage und Mut im Alltag. Forschungsergebnisse und Praxisperspektiven, 2. Aufl. 2007; *Andreas H. Apelt/Heide Gebhardt/Eckard Jesse* (Hg.), Zivilcourage gestern und heute: Pflicht oder Kür?, 2014. Vgl. auch die Nw. in Fn. 8.

7   So auch die Einschätzung von *Meyer*, Mut (Fn. 6), S. 27ff. Vgl. ferner *Dick*, Mut (Fn. 2), S. 13ff.

8   So wohl die überwiegende Auffassung, vgl. z.B. *Stefan Frohloff*, Gesicht zeigen! Handbuch für Zivilcourage, 2001; *Kai Jonas/Margarete Boos/Veronika Brandstätter* (Hg.), Zivilcourage trainieren: Theorie und Praxis, 2006; *Gerd Meyer/Ulrich Dovermann/Siegfried Frech/Günther Gugel* (Hg.), Zivilcourage lernen. Analysen – Modell – Arbeitshilfen, 2. Aufl. 2007 (Bundeszentrale für politische Bildung); *Richard Egger*, Mut. Kardinaltugend der Menschenführung, 2007; *Dieter Lünse/ Katty Nöllenburg/Jörg Kowalczyk/Florian Wanke*, Zivilcourage können alle! Ein Trainingshandbuch für Schule und Jugendarbeit, 2011.

9   Zum Kontext und zur Bedeutung von Mutproben vgl. z.B. *Siegbert A. Warwitz*, Sinnsuche im Wagnis. Leben in wachsenden Ringen, 3. Aufl. 2021.

10   Nach *Meyer*, Mut (Fn. 6), S. 30 ist Mut z.B. eine »wertneutrale oder ambivalente innere Kraft«, während Zivilcourage auf das Gute und Wünschenswerte ausgerichtet sei. Für *Dick*, Mut (Fn. 2), S. 48f. ist dagegen die »Liebe zum Guten« das zentrale Leitmotiv von Mut.

man sich die verschiedenen Wortzusammensetzungen vor Augen führt, in denen der Begriff Mut eine Rolle spielt. Teilweise geht es hier um Willenskräfte (Wankelmut, Freimut, Wagemut, Kampfesmut etc.), teilweise geht es um Stimmungslagen eines Menschen (Langmut, Schwermut, Sanftmut, Großmut etc.), teilweise wird auf die Ausstrahlung einer Persönlichkeit abgestellt (Anmut).

2. Auch mit den Gegenbegriffen tut man sich mitunter schwer. Klar: Der Feigling ist nicht mutig und der Mutlose auch nicht. Aber ist der Nicht-Mutige ängstlich?[11] Oder setzt Mut nicht gerade die Überwindung der Angst voraus? Wer keine Ängste spürt, der mag zu allen möglichen gefährlichen Handlungen in der Lage sein, aber als mutige Persönlichkeit würden wir diesen Menschen wahrscheinlich nicht wahrnehmen. Der Mutige überwindet seine Angst, er handelt überlegt und verantwortungsvoll, er ist aber nicht tollkühn.[12] Oder wie *Jean Paul* es in seinem berühmten Bonmot formuliert:»Mut besteht nicht darin, dass man die Gefahr blind übersieht, sondern darin, dass man sie sehend überwindet«.[13]

3. Ich möchte es daher mit einer eigenen Definition versuchen. Aus meiner Sicht setzt sich Mut aus fünf Komponenten zusammen:[14]

(1) der Bereitschaft, eine Gefahr oder eine Widerwärtigkeit auf sich zu nehmen, um

(2) ein bestimmtes Ziel zu erreichen,

---

11   *Joachim Gauck*, Nicht den Ängsten folgen, den Mut wählen. Denkstationen eines Bürgers, 2013, stellt Mut der Angst gegenüber.

12   Vgl. nur *Johannes Czwalina*, Wer mutig ist, kennt die Angst, 2008.

13   *Jean Paul*, Levana oder Erziehlehre, 1807 (2. Aufl. 1811), Drittes Bändchen, Sechstes Bruchstück. Sittliche Bildung des Knaben § 107.

14   Eine andere Definition z.B. bei *Dick*, Mut (Fn. 2), S. 48:»Mut beinhaltet demzufolge fünf wesentliche Elemente: eine Gefahr, ein Risiko oder eine Widerwärtigkeit auf sich nehmen bzw. eine Sicherheit oder Annehmlichkeit opfern, was möglicherweise den Tod, körperliche Verletzung, soziale Ächtung oder emotionale Entbehrungen zur Folge haben kann; eine mit Klugheit gewonnene Erkenntnis darüber, was in einem bestimmten Moment richtig und was falsch ist; Hoffnung und Zuversicht auf einen glücklichen, sinnvollen Ausgang; ein freier Willensentschluss; ein Motiv, das auf Liebe beruht.«

(3) die Fähigkeit, diese Entscheidung über einen längeren Zeitpunkt aufrecht zu erhalten,

(4) die rational nachvollziehbare Hoffnung, dass das Ziel erreicht oder befördert wird, und

(5) der Bereitschaft, die Verantwortung für das Scheitern der eigenen Bemühungen zu übernehmen und die Konsequenzen zu tragen.

Eine solche Definition bedarf der Erläuterung: Wem keine persönlichen Konsequenzen drohen, der muss sich nicht überwinden und braucht keinen Mut. Ich bin ferner immer nur mutig im Hinblick auf ein bestimmtes Ziel. Entgehen der überwiegenden Meinung muss dieses Ziel aber keine moralische Qualität aufweisen, da kein objektiver Maßstab für das Gerechte existiert und die individuellen Motive für eine Verhalten häufig ambivalent und schwer ergründbar sind. Impulsives spontanes Verhalten setzt keine Willensstärke und Überwindung voraus; deshalb würde ich es nicht als mutig bezeichnen; hier geht es eher um Affekte und Emotionen. Wer sich gegen das Unvermeidliche wendet oder absurde Risiken eingeht, tut das nicht, um ein Ziel zu erreichen, sondern aus Verzweiflung, Wut, Tollkühnheit, Geltungssucht oder irgendwelchen anderen Gründen. Sie leiten das Verhalten primär an. Nur in den Fällen, in denen das Scheitern eine Symbolwirkung besitzt und damit einem (höheren) Ziel dient, macht es Sinn, von einem selbstgewählten mutigen Verhalten zu sprechen. Wer sich selbst auf offener Straße anzündet, um auf gravierende Missstände hinzuweisen, darf als mutig gelten, wer dies aus Todessehnsucht tut, nicht.

Mut verlangt nach alledem innere Haltung, Kraft, Optimismus und Selbstvertrauen – ein durchaus anspruchsvolles Konzept.

4. Legt man diese Definition zugrunde, so stößt man auf viele soziale Situationen, in denen sich Menschen nicht mutig verhalten. Woran liegt das? Wenn ich auf meine eigenen persönlichen Erfahrungen zurückblicke, so sind es vor allem zwei Anforderungen, an denen viele Menschen scheitern, wenn es um mutige Entscheidungen und mutige Verhaltensweisen geht. Zum einen fehlt ihnen der innere Kompass für die eigenen Ziele. Die Welt ist so komplex (geworden), dass unser Beurteilungsvermögen offensichtlich häufig an seine Grenzen gerät. Gerade auch sehr klugen und reflektierten Menschen fällt es schwer, sich zu einer eindeutigen Haltung durchzuringen, für die sie einstehen wollen. Zum anderen lässt aus meiner Beobachtung jedenfalls in Teilen der Gesellschaft die

Bereitschaft nach, Verantwortung für die eigenen Entscheidungen und Handlungen zu übernehmen und unter Umständen auch ernsthafte Beeinträchtigungen des eigenen Lebens in Kauf zu nehmen. Es dominiert eine Mentalität des Muddling-Through. In dieser Feststellung soll kein genereller Vorwurf liegen. Es ist eben nicht jedem gegeben, sein Leben freiwillig für die Verteidigung seines Landes zu riskieren, wie es gerade viele Ukrainer:innen tun. Und eine humane Gesellschaft zeichnet sich dadurch aus, dass sie dafür Verständnis hat:

»Monsieur, le Président, je vous fais une lettre, que vous lirez peu-être si vous avez le temps. Je viens de recevoir mes papier militaires pour partir à la guerre avant mercredi soir. Monsieur le Président, je ne veux pas la faire, je ne suis pas sur terre pour tuer des pauvres gens. C'est pas pour vous fâcher il faut que je vous dise, ma décision est prise, je m'en vais déserter!«[15]

Außerdem ist völlig unklar, in welchem Verhältnis der Mut des Deserteurs zum Mut des tapferen Soldaten steht. Jedenfalls benötigen beide Mut für ihr Tun.

5. Mich irritieren eher die vielen Alltagssituationen, in denen sich Mutlosigkeit offenbart: Ich sage einem Mitarbeiter nicht, dass er einen Fehler gemacht hat, weil ich Sorge habe, dass er mich danach nicht mehr mag. Ich setze mich nicht für eine Kollegin ein, der aus meiner Sicht Unrecht getan wurde, weil ich Sorge vor ähnlichen Repressionen habe. Ich treffe eine für richtig erachtete Entscheidung nicht, weil ich für die Konsequenzen haftbar gemacht werden könnte. Ich halte mit meiner Meinung hinter dem Berg, weil ich nicht öffentlich kritisiert werden möchte. Die Beispiele sind endlos und jeder und jede von uns werden sich hier ein Stück weit wiederfinden.[16]

---

15   Chanson »Le Déserteur« von Boris Vian. Deutsche Übersetzung vom Autor: »Herr Präsident, ich schreibe Ihnen einen Brief, den Sie vielleicht lesen werden, wenn Sie Zeit haben. Ich habe gerade meine Militärpapiere erhalten, um bis Mittwochabend in den Krieg zu ziehen. Herr Präsident, ich will das nicht tun, ich bin nicht auf der Welt, um arme Leute zu töten. Ich will Sie nicht verärgern, aber ich muss Ihnen sagen, dass ich mich entschieden habe und desertieren werde.«

16   Solche und ähnliche Situationen diskutiert z.B. *Judith N. Shklar*, Über Gerechtigkeit, 1992, als Gerechtigkeitsproblem.

6. Die Beispiele zeigen, dass die Kosten nicht-mutigen Verhaltens hoch sein können: Der Mitarbeiter erfährt nicht, was er falsch macht, die Kollegin erlebt keine Solidarität, die richtige Entscheidung wird nicht getroffen, das vermeintlich Richtige nicht gesagt. Mut ist eben nicht nur eine persönliche Tugend, sondern Mut schafft auch einen Mehrwert für die Gemeinschaft. Ohne Mut keine Offenheit, keine Kritik, keine Risikobereitschaft, kein Pioniergeist, keine Innovationskraft. Deshalb sollten Personen mit Führungsaufgaben oder mit Vorbildfunktion (z.B. Lehrer:innen, Polizist:innen, Richter:innen, Sportler:innen, CEOs etc.) mutig sein, was sie aber nicht immer sind. Bemerkenswert und verstörend ist insoweit der Umstand, dass die persönlichen Konsequenzen für mutiges Verhalten im Alltag häufig eher klein oder nur imaginiert sind.

7. Die Strategien der Rechtfertigung von Feigheit im Alltag sind vielfältig. Einige bekannte Formulierungen lauten: ›Das müssen wir doch jetzt nicht zu einer großen Sache machen!‹, ›Niemand hier weiß, was wirklich richtig ist!‹, ›Verluste gibt es immer!‹, ›Ich glaube, wir warten noch einmal etwas ab!‹, ›Wir haben doch auch so eine gute Lösung gefunden!‹, ›Wollen wir das Fass wirklich aufmachen?‹ etc.

8. Häufig geht Mutlosigkeit mit einer gewissen Sprachlosigkeit einher. Statt über Konflikte zu sprechen und die Argumente auf den Tisch zu legen und seine eigene Haltung zu erklären, versucht man dem Gespräch auszuweichen. Die diesbezüglichen Strategien sind ebenfalls vielfältig: Klassisch ist die Schließung des Gesprächs (›Das machen wir jetzt so, bitte keine weitere Diskussion!‹), beliebt sind aber auch verschiedene Varianten des Wegduckens (›Für dieses Problem habe ich jetzt wirklich keine Zeit!‹, ›Kommen Sie doch später noch einmal auf mich zu mit ihrer Frage!‹, ›Ich melde mich demnächst!‹ etc.), der Bagatellisierung (›Haben wir nicht andere Probleme zurzeit‹, ›Die Welt ist nicht perfekt! ‹ etc.) und der Kapitulation (›Da können wir jetzt wirklich nichts machen!‹, ›Das müssen wir dann wohl akzeptieren!‹ etc.). Viele der genannten Beispiele stammen aus dem öffentlichen Raum und der Arbeitswelt, Feigheit begegnet uns aber auch im nahen sozialen Umfeld. Sie ist ubiquitär. Gerade in Partnerschaften besitzt sie eine schleichende zersetzende Kraft.

9. Ließe sich an dieser subjektiven Bestandsaufnahme, die von anekdotischer Evidenz lebt, etwas ändern? Oder anders formuliert: Wie können wir alle etwas mutiger werden? Es fehlt nicht an Ermunterung[17] und an Vorbildern. Eine wunderbare Zusammenstellung über mutige Menschen in den ersten Corona-Monaten findet sich etwa in dem von *Nicola Walter* und *Christian Buck* herausgegebenen Band »Heidelberger Helden«.[18] Er ist ein weiterer schöner Beleg dafür, dass wir Mut nicht mehr als heroische Eigenschaft begreifen sollten, sondern stärker als Voraussetzung für ein menschliches Miteinander und eine zukunftsfähige und nachhaltige Gestaltung unserer (Um-)Welt. Deshalb brauchen wir eine breite Debatte in der Gesellschaft über die Bedeutung von Mut gerade in Zeiten existenzieller Krisen und des Wandels.[19]

10. Noch eine praktische Einsicht zum Schluss: Niemand möchte feige sein. Den Feigen Feigheit vorzuwerfen, macht sie jedoch meistens nicht mutiger. Mit dem Mut ist es wie mit der Liebe: Man kann ihn in einem bestimmten Moment nicht einfordern, er ist in diesem Augenblick vorhanden oder eben nicht. Wir können aber Mut prämieren und uns gegenseitig darin unterstützen, jeden Tag etwas mutiger zu werden. Mut kann wachsen. Mut ist der Schlüssel zu einem selbstbestimmten Leben![20]

---

17 Vgl. die N. in Fn. 8.

18 *Nicola Walter/Christian Buck* (Hg.), Heidelberger Helden. Außergewöhnliche Menschen in den Corona-Monaten März bis Juli 2020, 2020. Vgl. auch *dies.* (Hg.), Deutschland in Coronazeiten, 2021. Vgl. ferner z.B. *Ulrich Kühne* (Hg.), Mutige Menschen. Frauen und Männer mit Zivilcourage, 2006.

19 Es ist vielleicht kein Zufall, dass die Buchhändler:innen unseres Vertrauens im Jahre 2022 guten Kunden als kleine Weihnachtsgabe in vielen Orten in Deutschland ein kleines Büchlein aus dem Diogenes Verlag mit dem Titel »Nur Mut« beilegten, das Geschichten und Gedanken zu diesem Thema enthält, die von *Martha Schoknecht* zusammengestellt sind.

20 Radikalisierung dieser These bei *Friedrich Nietzsche*, Also sprach Zarathustra, 1886 (1883–1885), vgl. dazu nur *Alexander M. Zibis*, Die Tugend des Mutes. Nietzsches Lehre von der Tapferkeit, 2007.

Mut und Verantwortung im Angesicht ökologischer Krisen
Eine sozialpsychologische Perspektive[1]

Vera King

Versteht man Mut im aristotelischen Sinne als eine Tugend, verbunden mit der Bereitschaft und Entscheidung, etwas zu tun, das Risiken oder schmerzliche Nachteile mit sich bringt, so geht es zugleich um die Fähigkeit einzuschätzen, welche Situationen Mut rechtfertigen und notwendig machen, und eine angemessene Position zu finden jenseits illusionärer Gesten der Omnipotenz oder übersteigerter Ängstlichkeit. In diesem Sinne ist eine adäquate Form des Muts nicht etwa ein heroischer Akt, der sich tollkühn über Bedenken und Risiken hinwegsetzt, aber auch nicht einfach ein simpler Mittelweg zwischen furchtsamer Zurückhaltung und einem Beiseiteschieben der Vernunft.

Vielmehr geht es aus dieser Sicht um die Verbindung von Mut und Responsabilität, um qualitative Abwägungen dessen, was aus einer verantwortungsvollen Lage heraus als das Gebotene erscheint. Anknüpfend an Kants berühmten Wahlspruch der Aufklärung, der zum Wagnis der Weisheit auffordert, wird dazu im Folgenden ausgeführt, inwiefern es besonderen Mutes bedarf, sich auch unangenehmer Einsicht über sich selbst zu stellen. Mut ist dann gepaart mit der Fähigkeit zu begreifen, wofür man selbst verantwortlich ist, und dabei auch den eigenen Gegenbewegungen und Selbsttäuschungen ins Auge zu sehen.

Gefragt ist solcherart Mut umso mehr in Zeiten der ökologischen Krisen, die vielerlei Verleugnungen nach sich ziehen und daher besondere Standhaftigkeit und Selbsterkenntnis erfordern. Je mehr sich Kri-

1   Überarbeitete Version eines Beitrags, der in der Zeitschrift »Psyche« erschien: King, V. (2022b): Generative Verantwortung im Anthropozän – Perspektiven psychoanalytischer Aufklärung. Psyche – Z Psychoanal 76(12), 1123–1146. https://do i.org/10.21706/ps-76-12-1124 – mit freundlicher Genehmigung der Redaktion.

sen zuspitzen, umso näher liegen auf der einen Seite Illusionsbildung, Bagatellisierung und Ausblendung oder auch Resignation und Verzweiflung auf der anderen Seite, wie es etwa im Roman von Sigrid Nunez (2022) »Was fehlt Dir« beschrieben wird. Der Roman beginnt mit dem Vortrag eines Autors, in dem er Folgen des Klimawandels ausmalt:

> »Es ist vorbei, sagte er [...] Was immer getan werden musste, um die Katastrophe zu verhindern [...] es war klar, dass der Menschheit der Wille fehlte, [...] sie anzugehen [...]. Es ist vorbei. Nicht länger der Glaube und der Trost, die Generationen über Generationen aufrechterhalten haben, nicht länger das Wissen, dass das, was wir lieben und uns etwas bedeutet, weiterbestehen wird, [...] auch wenn unsere individuelle Lebenszeit auf Erden enden muss – diese Zeit ist vorbei [...]« (ebd.: 12f.).

Er beschreibt, dass nun »in einer grausamen Umkehrung der natürlichen Ordnung [...] die Jungen die Alten beneiden« (ebd.: 18), weil die Alten als letzte Generation noch ein gutes Leben hatten. Später im Roman spricht er vom »Leid«, das seine »Enkelkinder erwartet« (ebd.: 154). Wenn er »ein Neugeborenes sehe«, werde ihm »schwer ums Herz« (ebd.: 155). Er sei »schrecklich wütend« (ebd.), fühle sich aber auch »schrecklich schuldig« (ebd.). Sein Mantra »es ist vorbei« soll ihn entlasten: er trägt nur noch darüber vor und hoffe, dass ihm seine Enkel irgendwann vergeben werden, weil er sich zumindest zu Wort gemeldet habe. Sein Verständnis von Mut besteht darin, Katastrophe und Leiden der Nachkommen beim Namen zu nennen, die er als unausweichlich betont, doch jenseits dessen hat er resigniert. Er steht damit auch für eine Position in der öffentlichen Debatte, die die Anerkennung der Alternativlosigkeit fordert (Žižek 2018[2]), um aufzuhören »uns etwas vorzumachen« (Franzen 2020). Welche Motive und Bilder hier ins Spiel gebracht werden, wird noch genauer zu beleuchten sein.

Aus einer ganz anderen Perspektive betrachtet der Geophysiker Michael Mann (2021a) solche Positionen, die das *zu spät* deklarieren. Er bezeichnet sie als »doom porn«, als »Klimaendzeitpornographie«

---

2   Wobei Žižek (2018) allerdings Hoffnung mehr oder weniger gleichsetzt mit Illusion und insofern (wahren) Mut, wie in diesem Beitrag, aber mit entsprechend anderen Konsequenzen, mit dem Ende trügerischer Selbsttäuschung verknüpft. Zur Bedeutung von Hoffnung für den Zukunftsbezug vgl. z.B. Blöser 2022.

(Mann 2021b: 14) ein bevorzugtes Thema der von ihm so genannten »Inaktivisten« (ebd.). Denn die Behauptung, die Katastrophe sei nicht aufzuhalten, sei eine Strategie auch all derer geworden, die etwa von fossilen Brennstoffen profitieren, all derer, die nichts ändern wollen. Da das Leugnen des Klimawandels inzwischen kaum noch funktioniere, werde die Endzeit proklamiert. Demgegenüber müssten wir nach Mann »die Dringlichkeit fühlen, aber auch die Handlungsfähigkeit« (ebd.: 15).

Damit beschreibt er zweifellos eine besondere komplexe Herausforderung: rasches und beherztes Handeln zu fordern, ohne alarmistisch zu sein; sich Gefahren zu vergegenwärtigen, ohne in Mutlosigkeit zu versinken. Und dies angesichts sich zuspitzender ökologischer Krisen mit teils schleichenden, teils bereits in der Gegenwart regelmäßig oder eruptiv hervortretenden Schäden.

Angesichts dieser Herausforderungen bedarf es politischen Mutes, um auch unbeliebte, aber notwendige Maßnahmen gegen offene Widerstände oder versteckte Blockaden zu realisieren – anstelle einer »ängstlichen, ambitionierte Projekte scheuenden Agenda« (Suntrup 2021: 239). Und diese Umsetzung verlangt ebenso mutig Solidarität, insofern es über Versuche der nationalen oder gar individuellen Selbstrettung hinausgeht. Solidarischen Mut erfordert nicht nur der Kampf gegen Umweltzerstörung. Darüber hinaus müsste er der Logik einer Gegenwartskultur entgegenstehen, die zumeist noch immer auf Steigerung setzt, auf kurzfristige Rendite und auf solche Formen des Wettbewerbs, die eher egozentrische Orientierungen befördern. Auch wenn sie noch so illusionär sind: »Worin besteht die Philosophie des Spätkapitalismus?« fragt Jenny Offill (2022: 54): »Antwort: Zwei Wanderer sehen einen hungrigen Bären vor sich. Einer von ihnen holt seine Laufschuhe aus dem Rucksack ... ›Du kannst nicht schneller laufen als der Bär‹, flüstert der andere. ›Ich muss bloß schneller laufen als du‹, sagt sein Freund« (ebd.).

So überlegt die Protagonistin in Offills Roman »Wetter« (2022), wie sie ihre Kinder schützen kann, etwa indem sie »in einer kälteren Gegend« als New York »ein Stück Land« (ebd.: 140) kauft. »Glaubst du wirklich, du könntest sie beschützen? Im Jahr 2047?«« (ebd.), so ihre Freundin. »Ich sehe sie an. Denn bis zu diesem Augenblick habe ich das tatsächlich, tatsächlich geglaubt... ›Dann musst du reich werden, sehr, sehr reich‹, sagt sie mit gepresster Stimme« (ebd.). Mut und Verantwortung für die Folgegenerationen würden demgegenüber kollektive,

solidarische Maßnahmen gegen den Klimawandel erfordern, auch wenn
sie Nachteile mit sich bringen.

Die Corona-Pandemie hatte die Auswirkungen des Klimawandels in
der öffentlichen Aufmerksamkeit phasenweise in den Hintergrund treten lassen. Und inzwischen markiert der Angriffskrieg gegen die Ukraine eine ganz andere Zäsur immensen Leids und eskalierender Gewalt.
Was überdies evident ist: Gemeinsame internationale Bemühungen um
die Lösung von globalen Menschheitsproblemen wie Erwärmung oder
Artensterben sind noch schwieriger geworden. Umso schwerer kann fallen, was ohnehin leicht an den Rand gedrängt wird: die weitgreifenden,
eben auch transgenerationalen Auswirkungen ökologischer Krisen im
Blick zu behalten und konsequent anzugehen. Und umso notwendiger
ist beharrliche kollektive Selbstaufklärung.

Wie bereits angedeutet, betonte Kants Prämisse der Aufklärung,
dass »Unmündigkeit« selbst verschuldet sei, »wenn die Ursache derselben nicht am Mangel des Verstandes, sondern der Entschließung und
des Mutes liegt« (Kant 1784: 481). »*Sapere aude!* Habe Mut, dich deines
eigenen Verstandes zu bedienen!« (ebd.), dieser »von Kant formulierte
Wahlspruch der Aufklärung, bezeichnet bis heute den Kern dessen, was
mit dem Verantwortungsbegriff« eingefordert werde (Henkel 2021: 9).
Zugleich gilt es im Angesicht der ökologischen Krisen Mut und Verantwortung in generationenübergreifender Perspektive zu analysieren,
wie in drei Schritten ausgeführt wird:

Erstens erfolgt eine Bestandsaufnahme zu Verantwortung und Mut in
der Krise. Worin liegen *gegenwärtige Herausforderungen der Verantwortung
für die Folgegeneration?* Und welche *Blockaden* sind ersichtlich, die mutiges
Handeln hemmen?

Zweitens geht es um generationale Verantwortung für die Nachkommen und deren Zukunftsbedingungen, um ›mutlose‹ Gegenbewegungen im Kontext intergenerationaler Ambivalenzen. Dazu werden die
Bestimmungsmomente von *Generativität* als einer verantwortungsvollen
Sorge für die Nachkommen und deren Zukunftsbedingungen skizziert – auch
mit Blick auf damit verbundene Krisen.

Drittens geht es um die Frage: Wie lässt sich im Lichte dessen für
Kants Diktum der *Aufklärung – habe Mut, Dich Deines eigenen Verstandes zu
bedienen* – Mut als generational verantwortliches, solidarisches Handeln
neu fassen?

1. Verantwortung für die Folgegeneration und ihre Blockaden im Anthropozän

Bereits vor 50 Jahren prognostizierte der Club of Rome (Meadows et al. 1972) sowohl Grenzen des Wachstums als auch massive Umweltschäden, falls die Ausbeutung natürlicher Rohstoffe unverändert anhielte. Die Diagnose wurde nur wenige Jahre später, 1979, von Hans Jonas mit dem »Prinzip Verantwortung« verknüpft:»Handle so, dass die Wirkungen deiner Handlung verträglich sind mit der Permanenz echten menschlichen Lebens auf Erden«», schrieb Jonas (2020 [1979]: 38), der damit Kants kategorischen Imperativ der Aufklärung, Mut zu beweisen im Sinne der Verantwortungsmaxime, auf neue Weise akzentuierte. Als eine Art Kehrseite der Freiheit heißt Verantwortung in diesem Sinne, dafür zu sorgen und einzustehen, dass das Notwendige und Richtige getan wird – auch für Andere und Anderes (Lévinas 1983 [1949]; Gast 2006, Orange 2017). Und in dem Maße, wie die Folgen des Tuns langfristig wirksam sind, reicht Verantwortung über die eigene Lebenszeit hinaus. Jonas hat dies eindringlich entfaltet, sein Buch hat für das Thema sensibilisiert. Es hat zudem kritische Verständigung zum Konzept Verantwortung nach sich gezogen, bspw. mit Bezug auf die Gefahr des Paternalismus einerseits oder einer übersteigerten Idee von Eigenverantwortlichkeit andererseits (Kuhlmann & Ricken 2017).

In jüngerer Zeit erörterte etwa die Rechtsphilosophin Lotter (2022), dass Aufklärung und Verantwortung weder individualistisch noch kulturalistisch vereinfacht werden sollten. Dies gilt umso mehr, als schwerer zu bestimmen ist, wer Verantwortung trägt, wenn Zusammenhänge durch globale Verflechtungen kaum durchschaubar sind. Ohne dass Verantwortung deshalb an Bedeutung verlöre, konstatiert Grunwald (2021) aus technikethischer Sicht eine notorische Überforderung des »homo responsibilis« (ebd.). Und wie verantwortungsfähig ist ein Ich, das, so Freuds berühmte Formulierung,»nicht einmal Herr ist im eigenen Hause, sondern auf kärgliche Nachrichten angewiesen bleibt von dem, was unbewußt in seinem Seelenleben vorgeht« (1916–17: 295)? Gleichwohl bleibe eine aufklärerische Verantwortungsmaxime im Kern kaum ersetzbar, in deren Tradition sich auch Freud sah, als er das »Andere der Vernunft« (Böhme & Böhme 1985) zu erhellen suchte. Wie immer wieder hervorgehoben wird in der Diskussion und Kritik von Verantwortungskonzepten (siehe z.B. Heidbrink 2003; Henkel 2021;

Fonk 2021): Ohne Selbstaufklärung und Rücksicht auf die Folgen, die Max Weber (1919) als verantwortungsethische Seite etwa von Politik oder Wissenschaft bezeichnet hatte, ließe sich Zusammenleben kaum gestalten. Der Bericht des Club of Rome von 2017 mit dem Titel »Wir sind dran. Was wir ändern müssen, wenn wir bleiben wollen« appelliert erneut an ein verantwortungsvolles Wir und den Mut zu Mäßigung im Sinne einer Balance. Eine dringend notwendige »neue Aufklärung« solle sowohl »die Tugend der Balance betonen, [...] zwischen Mensch und Natur, Kurzfrist und Langfrist oder öffentlichen und privaten Gütern« (ebd.:18). Solange hingegen das Wirtschaften auf Raubbau beruhe, werden gerade die ärmeren Länder in Bedrängnis gebracht und Ressourcen der künftigen Generationen verbraucht. 2021 resümiert Rehbein: Seit Jahrzehnten werde weltweit aus den »Bedrohungsszenarien durch den anthropogenen Klimawandel« eine »sozial-ethische [...] Zukunftsverantwortung« abgeleitet als eine »generationsübergreifende Aufgabe« (2021:33). Ebenso deutlich zeichnet sich allerdings ab, dass aus Bekenntnissen zu wenig folgt und Mutlosigkeit dominiert.

Andere zeitgenössische Diskurse kommen zu dem Schluss, dass die Logik der Krisendiagnosen zu überschreiten sei. So schlägt etwa Corinne Pelluchon (2021a,b) eine »neue Philosophie der Aufklärung« vor, die zwar an Vernunft und Gerechtigkeit als Kernelementen festhalte, darüber hinaus jedoch, »die dreifache Herrschaft überwinden« (ebd.) könne, die in der Dialektik der Aufklärung (Horkheimer & Adorno 1947) kritisiert wurde: »die Herrschaft über die anderen, über die uns umgebende Natur und über die innere Natur des Menschen« (Pelluchon 2021b). Gegenüber dem Stagnieren in der Krisendiagnose wird auf Hoffnung gesetzt, nicht auf naive, sondern eine Art verantwortungsvoller Hoffnung. Zugleich bleiben die Fragen, wie sie zu bestimmen ist und eine solche neue Aufklärung greifen kann.

Denn allzu oft eher beschworen als umgesetzt scheint gerade Verantwortungsfähigkeit, die sich auf die Lebensgrundlagen künftiger Generationen mit erstreckt. Der viel strapazierte Gedanke der Nachhaltigkeit versucht dem gerecht zu werden, ohne allerdings, so der häufige Eindruck, die typischen Blockaden gegen notwendige Veränderungen, die Mutlosigkeit adäquat zu fassen. Offenkundig ist es unumgänglich, genauer zu analysieren, was generational verantwortliches Handeln erschwert und unterminiert. Denn Aufklärung greift zu kurz, wenn sie Tugenden als Ideale formuliert, ohne die Gegenbewegungen zum Mut im Sinne Kants systematisch zu betrachten. Oder ohne die destruktiven Veränderungen zu berücksichtigen, die neue Arten von Mut erfordern.

Mut und Hoffnung in Zeiten der Krise und Zerstörung

Mit Ethik im Angesicht von Zerstörung, mit Mut und Hoffnungsfähigkeit, befasst sich auf andere Weise Jonathan Lear, Philosoph und Psychoanalytiker, in seinem Buch *Radikale Hoffnung* (2020 [2006]). Auch hierbei gibt es eine inhaltliche Verbindung zu Jonas, der das »Prinzip Verantwortung« in Abwandlung von Blochs »Prinzip Hoffnung« entfaltet (1954) hatte. Lear wiederum beschreibt die Möglichkeit radikaler Hoffnung nun als ein ethisches Prinzip, das zugleich eine Art psychischer und psychosozialer Transformation impliziert: als Voraussetzung dafür, sich in schweren Krisen für Neues öffnen zu können. Man könnte sagen:»Radikale Hoffnung« enthält etliche Motive, die auch »Das Prinzip Verantwortung« bestimmen, kreist aber expliziter um Zerstörung – schon als Ausgangsbefund.»In einer Zeit radikaler geschichtlicher Veränderungen bedarf der Begriff des Mutes neuer Formen« (Lear, ebd.: 175). Der verletzliche Mensch mit seinem Verlangen nach der Welt muss sich dann der Wirklichkeit auf neue Weise und mit neuem Mut stellen.

Mut als Tugend bedeute aus dieser Sicht allerdings zunächst einmal, die eigene Begrenztheit, Verletzlichkeit und das mit Bedürftigkeit verknüpfte Begehren anzuerkennen, dass wir uns (wie es Platon beschrieb) »in unserer endlichen Unvollkommenheit der Welt entgegenstrecken, um ihrer habhaft zuwenden [...], dem, was wir [...] für das Wertvolle, Schöne, Gute halten« (ebd.: 177). Mut heiße dabei auch, »sich den Risiken der Welt mit Würde zu stellen« (ebd.: 182), »gut darin zu sein« (ebd.). Mut basiert im Lichte dessen, ebenso wenig wie radikale Hoffnung, auf naivem Optimismus, sondern auf der Fähigkeit, die Risiken und Abgründe einzubeziehen.

Den Rahmen von Lears Überlegungen bietet das Beispiel des Stamms der *Crow* aus der nordwestlichen Prärie der Vereinigten Staaten, der der Basis seiner kulturellen Existenz beraubt wurde und dessen Häuptling einen Weg suchte, das Leben des Volks neu auszurichten. Dabei geht es Lear an dieser Stelle weniger um die praktischen Konsequenzen oder die naheliegende Kritik an den Machtverhältnissen. Vielmehr befasst er sich exemplarisch mit der Frage, wie unter veränderten Lebensbedingungen mental damit umgegangen werden kann, wenn eine Kultur zusammenbricht: Wie es gelingen kann, die Realität anzuerkennen, aber nicht in Verzweiflung zu erstarren.

Wenn in einer Kultur »Veränderungen eintreten, die alles übersteigen« (2020 [2006]: 144), gelte es zunächst anzuerkennen, dass wir »unwissend darüber sind, worauf wir noch unsere Hoffnungen und Absichten richten können« (ebd.). Doch umso mehr gehe es auch darum, »unsere Vorstellungskraft für radikal andersartige zukünftige Möglichkeiten zu öffnen« (ebd.: 145). In Relation zu Kants Appell an den aufklärerischen Mut akzentuiert Lear gleichsam den mentalen und psychischen Prozess, der Hoffnungs- und Wandlungsfähigkeit, aber eben nicht Illusion mobilisiert. Zugleich – und das ist für die weiteren Überlegungen zu Mut und Verantwortung im Angesicht von Umweltzerstörung besonders bedeutsam – beschreibt er aber auch, dass in einer basalen dramatischen Krisensituation die generationaler Weitergabe als kaum noch möglich wahrgenommen wird:

> »Eine Kultur verkörpert ein Gespür für die Möglichkeiten des Lebens, und sie will den Jüngeren dieses Gespür vermitteln. [...] Wir befassen uns nun jedoch mit dem Zusammenbruch eines kulturell verorteten Gespürs für Möglichkeit überhaupt. Diese Unfähigkeit, sich ihre eigene Zerstörung vorzustellen, ist tendenziell der blinde Fleck einer jeden Kultur. Im Großen und Ganzen wird eine Kultur ihren jungen Mitgliedern nicht beibringen: ›Diese Wege führen zum Erfolg und diese zum Scheitern [...] – ach ja, und noch was, diese gesamte Struktur, mit der ihr die Welt bewerten sollt, könnte demnächst keinen Sinn mehr ergeben‹« (ebd.: 131f.).

Lear spricht hier einen wirklich neuralgischen Punkt an, auch mit Blick auf die vielfältigen zeitgenössischen Krisenphänomene. Wie reagieren Erwachsene und Heranwachsende in einer Welt, die keine selbstverständlichen positiven Zukunftsperspektiven bieten kann? Was folgt aus den Krisen für die Bilder von Weitergabe und die mit ihnen verknüpften Empfindungen in den Generationenbeziehungen?

Worauf basieren Hoffnung und Mut – oder wie klingt umgekehrt gar ein »Es ist vorbei« – im zitierten Roman von Nunez (2021) veranschaulicht durch den älteren Vortragenden – in den Ohren der Jugend? *Eine* der Antworten war weltweit die *Fridays for Future*-Bewegung, initiiert von jungen Aktivisten, die von Politik und Ökonomie verantwortungsvolles Handeln einklagten: phasenweise effektvoll, wenn auch nicht ausreichend, und in jüngerer Zeit in Form und Wirkung immer umstrittener. Um weitere Kriterien für Mut und generationale Verantwortung entwickeln zu können, für neue, auf die Krisen der Gegenwart bezogene Aufklärung, gilt es – über Lears Überlegungen hinaus – mit Blick auf die ökologischen Krisen systematischer zu vertiefen, was die *Unfähigkeit mit bedingt*, noch immer nicht ausreichend umsteuern zu können.

2. Generativität als verantwortungsvolle Sorge für die Nachkommen – Krisenphänomene

Im Kontext der ökologischen Krise geht es um mutiges Eintreten für Veränderung angesichts der Verantwortung für die Lebensgrundlagen, auch für jene Länder und Menschen, die besonders unter dem Klimawandel leiden, obwohl sie nicht die Hauptverursacher sind. Zugleich geht es um Verantwortung für die *Folgegenerationen*. Auch unabhängig von kulturellen oder ökologischen Krisen sind damit, mit generationenbezogener Verantwortung, basale psychische Herausforderungen verknüpft, oft unterschätzt, auch hinsichtlich der typischen Blockaden. Sie müssen daher systematischer analysiert werden. Dazu wird im nächsten Schritt zunächst an Eriksons Verwendung des Begriffs angeknüpft, um anschließend das Konzept der Generativität in verschiedenen Hinsichten zu erweitern und zu verändern.

Was ist mit Generativität gemeint? Den Begriff verwendete Erikson in seinem Modell des Lebenszyklus, um mit dem Erwachsenenleben verbundene psychische Herausforderungen zu beschreiben. Mit Blick auf die elterliche Position sprach er von »Generativität« als Erzeugerschaft: »*Die Fähigkeit zu erzeugen und hervorzubringen* ist [...] primär das Interesse daran, die nächste Generation zu begründen [...]«, so Erikson (1998 [1968]: 141). Zugleich deutete er bereits an, dass Generativität nicht unbedingt leibliche Elternschaft und Fortpflanzung meint, sondern auch symbolische und kulturelle Erzeugerschaft. Das heißt: Über die Familie hinaus geht es um Sorge und Verantwortung für die Nachkommen. Führt man Eriksons Verwendung des Begriffs noch weiter, können generative Sorge oder Verantwortung, anthropologisch und kulturtheoretisch betrachtet, als konstruktive Antworten auf die Verletzlichkeit und Angewiesenheit des Menschen gefasst werden. Generative Sorge heißt

Verantwortung als eine Antwort, *response*, auf Bedürftigkeit und auf die mit der *Conditio humana* verbundene Natalität und Vergänglichkeit[3]. Generativität ist insofern auch eine Brücke in der Generationenabfolge, in der immer neu Brüche und Neuanfänge bewältigt werden müssen. Nicht nur weil Menschen geboren werden und ihr Leben endlich ist, sondern auch, weil die aktive Zeit im Lebensverlauf begrenzt ist. Sorge und Verantwortung der Älteren für die Jüngeren, die transgenerationale Weitergabe von Wissen und Ressourcen, stehen insofern im Dienst des Fortbestehens der Kultur (King 2020).

Generativität als Bewältigung von Generationenspannung

Eine Brücke zu bilden in der Generationenabfolge über die Endlichkeit der Einzelnen hinaus, bedeutet zugleich – was erhebliche Herausforderungen für die psychische Integration impliziert und in Eriksons Überlegungen zu Generativität ebenfalls nicht einbezogen ist: Dass jegliche Generation, die sorgt und Nachfolgende ausbildet, in gewissem Sinne ihre eigene Ablösung bereits mit vorbereitet. Insofern handelt es sich zwangsläufig um eine ambivalente Konstellation.

Ambivalent, weil *einerseits* die Sorge für die Nachkommen eine Art Fortführung ermöglicht, was mit der eigenen Begrenztheit teilweise versöhnen kann. Schmerz über die Endlichkeit wird durch die Fortsetzung der Generationenlinie potenziell abgemildert. So klang es auch an in der Rede der eingangs zitierten Figur aus Nunez' Roman (2021): Er sprach vom »Trost« und dem »Wissen, dass das, was wir lieben und uns etwas bedeutet, weiterbestehen wird« (ebd.: 12) auch über die eigene Lebenszeit hinaus.

Dieser Trost ist allerdings nur fühlbar, wenn zum Beispiel nicht destruktiver Neid auf die Jüngeren dominiert oder schlichte Selbstbezogenheit. Verkörpern doch die wachsenden Fähigkeiten der Jüngeren eben – so *die andere Seite der Ambivalenz* – geradezu die Grenzen und nachlassenden Kräfte der Älteren. Unvermeidlich werden die Älteren, so Christopher Bollas' provokante Zuspitzung, noch »vor unserem Tod, zu Zeugen, wie die nachfolgenden Generationen uns zu Geschichte machen« (2000: 250).

---

[3]   Zur Diskussion von Arendts Begriff der »Natalität« (1960 [1958], S. 15f.) in Verbindung mit dem hier vorgeschlagenen Konzept der Generativität vgl. King 2015.

Daher muss ein *erweitertes Konzept von Generativität* – abstrakt formuliert: die Ermöglichung des Heranwachsens der Nachkommen, als Ermöglichung gedeihlicher Lebensbedingungen – berücksichtigen, dass es immer auch um Bewältigung ambivalenter Generationenspannung geht. Die Jüngeren stehen für die Zukunft, aber eben auch für eine Zukunft, aus der die Älteren ausgeschlossen sind. Intergenerationale Ambivalenz ist strukturell unvermeidlich. Aber sie kann ganz unterschiedlich erlebt, gestaltet oder bewältigt werden.

Und eine generative Haltung der Erwachsenen bedeutet dann im Kern, Ambivalenz im Verhältnis zu Jüngeren und zur Jugend nicht destruktiv zu agieren. Jedenfalls nicht vorwiegend destruktiv. Es heißt, die Generationendifferenz zu wahren und Ablösung zuzulassen: Ablösung *von* und Ablösung *der* Erwachsenengeneration.

Wie zu betonen ist, geht es dabei nicht nur um individuelle psychische Prozesse oder Fähigkeiten. Kulturanalytisch geht es vielmehr um die Frage, wie soziale, kulturelle, institutionelle Praktiken gestaltet sind: welche Voraussetzungen sie bieten, für Ablösung, die Ermöglichung des generational Neuen und konstruktive generative Weitergabe. Denn generative Haltungen sind offenkundig voraussetzungsvoll, kulturell notwendig, aber zugleich fragil, eher partiell realisiert.

Generativität bezeichnet das Geben im Generationsverhältnis – Gabe in der Hingabe, im Sinne dessen, dass etwas *von sich* gegeben wird, so Ricœurs (2006) Akzentuierung. Dann wird Gabe zur konstruktiven Weitergabe. Für die Figur des Redners aus dem Roman spielt dies, wie anzumerken ist, keine Rolle mehr: da *alles vorbei* sei und er, angesichts der erwarteten Katastrophe, sich *nur* den Neid der Jüngeren auf die Älteren vorstellt. Nicht länger beneiden die Alten, er selbst, die Jungen. Das ist »vorbei«, so sein Mantra. Er muss nichts geben. Mit seiner Lebenszeit, der Zeit seiner Generation scheint alles, die Weltzeit, zu Ende zu gehen.

Zeitkulturen der Abwehr von Endlichkeit und Generationenspannung

Zeit ist offenkundig im Generationenverhältnis von zentraler Bedeutung. Hans Blumenberg (1986) betonte den Bruch zwischen Lebenszeit und Weltzeit, der überbrückt werden muss. Eben diese Brücke wird gebildet durch Generativität, so auch der Historiker Koselleck (2000), also durch Weitergabe und das Zulassen des Neuen im Generationenverhältnis. Man kann sagen: Blumenbergs Kategorien Lebenszeit und

Weltzeit sind im Lichte dessen um ein Drittes zu ergänzen, um die beide *verbindende* generationale Zeit. Und verantwortungsvolles Handeln einer Generation ließe sich dann dadurch kennzeichnen, dass konstruktive Voraussetzungen auch für die Zukunft, über die eigene Lebenszeit hinaus, bewahrt werden – ohne über diese Zukunft bestimmen zu wollen.

Betrachtet man die gesellschaftliche Praxis, so dominieren allerdings fortwährende Steigerung in der Gegenwart und Ignoranz gegenüber der Zukunft. So, als ließe sich die Weltzeit doch in die eigene Lebenszeit pressen, wie es Blumenberg (1986) weitsichtig als typisches kulturelles Muster der Moderne beschrieb. Wie sehr folgenreiche Entscheidungen lange eher auf Nahziele ausgerichtet waren und sind, tritt bei der Klimakrise klar hervor. Solche Orientierung an Kurzfristigkeit liegt teils an der systemischen Zeitlogik in Politik oder Ökonomie. Die generative Herausforderung – eine produktive Zukunft der Nachkommen zu ermöglichen – ist überdies fragil, schon deshalb, weil sie auch auf der Anerkennung von Begrenztheit basieren würde.

Und eben diese wird kulturell wenig unterstützt, wie auch eigene Forschungen über Optimierungslogiken in der Gegenwartsgesellschaft deutlich zeigen (King, Gerisch & Rosa 2021). Im Gegenteil, die vorherrschenden Praktiken und Diskurse zielen vielfach eher auf eine ständige Verschiebung und Verleugnung von Limitierungen. Auf endlose Optimierungsspiralen, die nur schrittweise den Kriseneinsichten weichen (Bröckling 2020). Nur zäh dringen Einsichten in die damit verbundenen Probleme wirksam in die Praxis vor. Denn die Logik fortwährender Steigerung enthält auch mächtige Heils- und Erlösungsversprechen der Gegenwart: etwa scheinbar ewiger juveniler Aufbruch auch der Älteren als kulturelles Muster (King 2011). Eigene Vergänglichkeit, Alter und Generationendifferenz werden auf diese Weise verschleiert. Der Generationenwechsel wird eher verhüllt oder hinausgeschoben. Generativität und zukunftsverantwortliches Handeln für den Erhalt der Lebensbedingungen künftiger Generationen werden mehr oder minder subtil unterminiert.

3. Wie lässt sich Kants Diktum der Aufklärung neu fassen und Mut zu generational verantwortlichem und solidarischem Handeln bestimmen?

Kants Wahlspruch – habe Mut, *sapere aude* – ist auf eine besondere und immer neu zu aktualisierende Weise ernst zu nehmen *gerade im Verständnis des Wagnisses und der zu überwindenden Widerstände.* Und eben diese müssen genau analysiert werden (eine wichtige Funktion hat hier also Wissenschaft als Selbstaufklärung der Gesellschaft über ihre eigenen blinden Flecken im Sinne Bourdieus Konzept von Reflexivität, vgl. Bourdieu& Wacquant 1996, King 2022a). Zerstörerische Veränderungen verlangen neue Formen des Muts – *in der Auseinandersetzung sowohl mit der äußeren Realität als auch den trügerischen Deutungen und Ausblendungen.*

Dies gilt umso mehr, als die immer schwerer zu bewältigenden ökologischen Risiken gleichsam mit einem breiten Spektrum unproduktiver Verdrängung und Illusionsbildung beantwortet werden. Neben der kompletten Leugnung oder Untätigkeit bei Beteuerung des Gegenteils gibt es auch naives Hoffen auf Rettung (etwa im Sinne von: ›notfalls wird das CO2 aus der Atmosphäre gesaugt‹). Naheliegend angesichts immer neuer ökologischer Probleme ist aber auch das Empfinden, einem katastrophalen Niedergang beizuwohnen – etwa so, wie in dem eingangs zitierten ›Es ist vorbei‹, das die totale Mutlosigkeit zum Ausdruck bringt, die umso plausibler erscheint, je mehr die Krisen zunehmen.

Katastrophenerleben kann äußere Realität widerspiegeln, aber auch ein inneres Erleben, das nach außen projiziert wird (Weiß 2017). Diese Wechselwirkungen können sehr komplex sein. Und in mitunter paradoxer Gleichzeitigkeit finden sich auch Bagatellisierungen desaströser Entwicklungen. So wird nach wie vor, etwa von manchen Rechtspopulisten, proklamiert, der Klimawandel sei nicht menschengemacht und es gäbe nichts zu tun. Zugleich zeigt sich in solchen Milieus aber gerade auch Begeisterung für Untergangsszenarien. Bereits Adorno beschrieb in seiner Analyse des Rechtsextremismus, wie dieser sich häufig darauf spezialisiere, das »Gefühl der sozialen Katastrophe« auszumalen (Adorno 1967: 19). Was er »für ein sozialpsychologisch außerordentlich wichtiges und charakteristisches Symptom halte, dass sie nämlich in gewisser Weise die Katastrophe wollen, dass sie von Weltuntergangsphantasien sich nähren« (ebd.: 19f.). Auch propagandistisch werde gerne »an

den unbewußten Wunsch nach Unheil, nach Katastrophe [...] appelliert«
(ebd.: 20).

In rezenten sozialpsychologischen Studien zum zeitgenössischen
Autoritarismus fanden sich ebensolche Phänomene: wenn etwa von
Querdenkern geradezu lustvoll die Endzeit beschworen und zugleich
reale Gefahr geleugnet wird (King et al. 2023). Dabei sind Rechtsextreme
oder Querdenker gewiss nicht die einzigen, die Katastrophen ausmalen.
Psychodynamisch geht es bei katastrophenverliebter Selbstviktimisie-
rung typischerweise um Projektionen eigener Destruktivität in die
äußere Welt (Money-Kyrle 2022). Die angenommene Unvermeidlichkeit
des Weltuntergangs nährt das Selbstmitleid, das die eigene Aggression
verschleiert – und zwar auch, wie hier zu betonen ist, gegenüber den
generational Anderen, den Nachkommen.

Wer keine Veränderung wolle, so Adorno, dem bleibe nur der
Wunsch nach »Untergang des Ganzen« (ebd.: 20) und »wie der Richard-
Wagnersche Wotan zu sagen: ›Weißt Du, was Wotan will? Das Ende‹«
(ebd.). Aus sozialpsychologischer Perspektive hieße das: in der Identifizierung mit solch göttlich-destruktiver Größenphantasie bleibt die
Begrenztheit ausgespart, wie sie psychisch gerade vom *generational An-*
deren repräsentiert wird: Warum sollen diese Anderen überleben, so eine
Variante der Verzweiflung, die Selbstbezogenheit mit ökologischem De-
saster rationalisiert. Warum sollten die Jungen länger leben? Wenn alles
zerstört wird, bedarf es keines Trauerns um die eigene Endlichkeit und
Verletzlichkeit. Mit dem manifest mutlos-verzweifelten und unbewusst
egozentrisch-megalomanen Ich muss die ganze Welt untergehen, so
das Phantasma und die unterschwellige psychische Befriedigung.[4]

---

4   Auch die Bemerkung des Roman-Redners von Nunez (2021) – wenn er »ein Neu-
     geborenes sehe«, fühle er sich »schrecklich wütend«, aber auch »schrecklich
     schuldig« (ebd.: 155) – erscheint so noch in anderem Licht. Seine Gewissheit,
     dass das Neugeborene eine katastrophale Zukunft habe, kann auch als ein un-
     bewusst aggressiver Triumph über die Nachkommen gelesen werden. In eine
     ähnliche Richtung deutet im Roman eine weitere Passage: »Mein eigener Sohn
     spricht kaum mehr mit mir, weil ich nicht verhohlen habe, wie entsetzt ich bin,
     dass seine Frau ein drittes Kind erwartet. Er will nicht, dass ich in ihre Nähe kom-
     me. Sagt, dass meine Gegenwart ausreiche, um eine Fehlgeburt zu verursachen«
     (ebd.: 150). Unter dem Deckmantel einer abgeklärten Haltung zur Klimakata-
     strophe käme in dieser Lesart eine destruktiv wirkende Haltung im Verhältnis
     zu Kind und Kindeskindern zum Ausdruck.

Zusammenfassend lassen sich praktisch verschiedene unproduktive oder destruktive Kompromissbildungen festhalten: einmal das Auseinanderfallen von Bekenntnis zu Veränderung und Fortführen des Status quo. Und neben Varianten von Ausblendung der Krise finden sich komplementär Mutlosigkeit und ein Beschwören des Weltuntergangs, bei dem Lebens- und Weltzeit, getragen von Omnipotenzillusionen, kurzgeschlossen werden, also unterschwellig die Generationenlinie gekappt wird. *Gemeinsame* Kehrseite dieser Varianten psychischer Positionen sind jeweils die Verweigerung der generationalen Verantwortung, die auch als Mutlosigkeit erscheint, und somit eine unterschwellige Attacke auf die Zeit und das zukünftige Leben der Nachkommen und ihre Lebensbedingungen.

Mut zur Selbstaufklärung und zur Kultur des Maßhaltens

Im Verhältnis zu Kants Aufforderung ›Habe Mut‹, die sich an den feudalen Untertan richtet, um gegenüber Kirche und Obrigkeit sein eigenes Denken zur Geltung zu bringen, wähnt sich der moderne Mensch auf der sicheren Seite – denkt er nicht schon lange eigenständig?

Doch wie sich gezeigt hat: Eine Ersatzreligion der späten Moderne ist die Aufhebung aller Begrenztheit und die unterschwellige Vorstellung, Lebenszeit und Weltzeit ließen sich in eins bringen, was zugleich eine Negation der Generativität bedeutet. An die Stelle der Obrigkeit tritt die Anpassungs- und entfesselte Wettbewerbslogik der Spätmoderne, der auch die langfristig ausgerichtete Verantwortung und gesellschaftliche Solidarität geopfert werden. Und anstatt zu erwachen, steigern sich mit jeder Krise allzu häufig Mutlosigkeit, Selbsttäuschungen und faktische Resignation, die die egozentrische Beschränkung nur schwach kaschiert.

Die Geschichte der Menschheit durchzieht bereits eine Spur, in der Nachkommen für die unmittelbare Gegenwart geopfert werden, jeder Krieg spricht auch in dieser Hinsicht Bände (Eissler 1968). Aber eben nicht nur das: die scheinbar so aufgeklärte Moderne opfert die Zukunft und Lebensbedingungen der Nachkommen für ihre Gegenwart in dem Maße, wie sie auf endlose Steigerung und Plünderung der Lebensgrundlagen setzt – eine kaum verhohlen perverse Seite des blinden Wachstums (Hoggett 2013, Weintrobe 2021). Dass in Reaktion darauf in einer geradezu parentifizierten Weise (also gleichsam Elternrolle gegenüber den Eltern einnehmend) die junge Generation diese Anklage führt oder führen muss – etwa in den *Fridays for Future* – ist in mancher Hinsicht selbst noch ein prekäres Symptom dieser Verkehrung. Effekte sind oft auch oberflächliche Zustimmung oder Selbstbezichtigung der Älteren, die eine mutlose Fortsetzung der verkehrten Verhältnisse nur kaschieren, oder schlichte Ablehnung. Tragfähig wären demgegenüber ernsthafte Bemühungen um Umsteuern, bei denen Verantwortung im Sinne der Generativität tatsächlich und umsichtig couragiert übernommen wird.

Aus kultur- und sozialpsychologischer Sicht hieße Mut demzufolge, dem Schmerz der Endlichkeit und Begrenztheit eher ins Auge sehen zu können. Und eine Kultur des Maßhaltens, wie man mit Camus (1953) sagen könnte (vgl. dazu auch Konersmann 2022), böte dafür bessere Voraussetzungen als eine – generationale Differenz und Limitierungen verleugnende – entgrenzte Optimierungs-, Steigerungs- und Wettbewerbskultur: Wie die eingangs zitierte Geschichte mit dem Bären und den vermeintlichen Freunden es ins Bild setzt, befeuert solcherart entfesselte Konkurrenz im Zweifel, wenn Gefahr droht, doch nur den egozentrischen Impuls des ›Rette sich, wer kann‹. Solidarischer Mut trüge weiter, auch für die Zukunft der Kinder, als Basis einer Praxis und zuversichtlichen Politik der Veränderung (Moellendorf 2022). Und Mut heißt zugleich, etwas zuzumuten – politisch ist die spätmoderne Logik kultureller und ökonomischer Dauersteigerung allzu oft auch begleitet von populistischer Vermeidung des Maßhaltens.

Und Weltuntergangsresignation verbietet sich. Um nochmal den Klimaforscher Michael Mann zu zitieren, falls es nicht gelingt die 1,5 Grad Grenze einzuhalten: »Wenn ich auf einer Autobahn die 1,5 Grad … verpassen sollte, dann versuche ich die nächste Ausfahrt 1,6 zu kriegen oder die übernächste 1,7. Je schneller wir von der Autobahn runterkommen, umso mehr Gefahren könne wir abwenden« (Mann 2021b: 15). Dies hieße, weder stehen zu bleiben noch weiter zu fahren in allen relevanten Hinsichten, in denen mutige Veränderung notwendig ist.

Eine dafür notwendige neue Aufklärung darf indes, so sollte deutlich werden, nicht einfach nur positiv neue Ideale formulieren. Denn um Erkenntnis und Transformation wird immer auch gerungen im Horizont naheliegender Rationalisierungen und Selbsttäuschungen. So gilt es – gerade darin im Kantischen Sinne – der *Dynamik von Mut und Angst oder Mutlosigkeit, von Erkenntnis und Abwehr* Rechnung zu tragen. Und mit Blick auf die ökologische Krise die vielschichtigen Dynamiken gefährdeter oder zerstörter Generativität zu erhellen. Nur in der Bereitschaft zur unbequemen Aufklärung und entsprechendem Handeln können neuer Mut und Verantwortung etwas anderes sein als eine moralisierende Beschwörung von etwas, was es geben sollte, aber nicht gibt. Vielleicht hilft es mitunter, an Brechts (1988 [1931]: 230) Aufforderung zu denken, sich keinem wohlfeilen Moralismus hinzugeben:»Sorgt doch, dass ihr die Welt verlassend, nicht nur gut wart, sondern verlasst eine gute Welt!«

Literatur

Adorno, Theodor W. (2019 [1967]): Aspekte des neuen Rechtsradikalismus. Berlin (Suhrkamp).

Bloch, Ernst (1985 [1954]: Das Prinzip Hoffnung. 3 Bde. Frankfurt a.M. (Suhrkamp).

Blöser, Claudia (2022): Hoffnung als Zukunftsbezug. Ein Beitrag zur Zeitlichkeit des guten Lebens. Zeitschrift für Philosophische Forschung 76 (1), 27–51.

Blumenberg, Hans (2001 [1986]): Lebenszeit und Weltzeit. Frankfurt a.M. (Suhrkamp).

Böhme, Gernot & Böhme, Hartmut (1985): Das Andere der Vernunft. Zur Entwicklung von Rationalitätsstrukturen am Beispiel Kants. Frankfurt a.M. (Suhrkamp).

Bollas, Christopher (2000): Genese der Persönlichkeit. Übers. B. Flickinger. Stuttgart (Klett-Cotta).

Bourdieu, P. & Wacquant, L. (1996): Reflexive Anthropologie. Übers. H. Beister. Frankfurt a.M. (Suhrkamp).

Brecht, Bertolt (1988 [1931]): Die Heilige Johanna der Schlachthöfe. In: Bertolt Brecht: Werke. Bd. 3, Frankfurt a.M. (Suhrkamp).

Bröckling, Ulrich. (2020): Optimierung, Preparedness, Priorisierung: Soziologische Bemerkungen zu drei Schlüsselbegriffen der Gegenwart. Soziopolis: Gesellschaft beobachten. https://nbn-resolving.or g/urn:nbn:de:0168ssoar-81264-8 (Zugriff am 19. 05. 2023).

Camus, Albert (2006 [1953]): Der Mensch in der Revolte. Reinbek (Rowohlt).

Club of Rome (2017): Wir sind dran. Was wir ändern müssen, wenn wir bleiben wollen. Eine neue Aufklärung für eine volle Welt. E. U. v. Weizsäcker, A. Wijkman et al. Gütersloh (Gütersloher Verlagshaus).

Eissler, Kurt (1968): Zur Notlage unserer Zeit. In: Boor, Clemens de & Hügel, Käte (Hg.): Psychoanalyse und soziale Verantwortung. Eine Festschrift für Alexander Mitscherlich zu seinem 60. Geburtstag. Stuttgart (Ernst Klett), 1–17.

Erikson, Erik H. (1998 [1968]): Jugend und Krise. Übers. M. Eckhardt-Jaffé. Stuttgart (KlettCotta).

Fonk, Peter (2021): Transformationen des Verantwortungsbegriffs. In: Henkel, A. (Hg.): 10 Minuten Soziologie: Verantwortung. Bielefeld (transcript), 19–30.

Franzen, Jonathan (2020): Wann hören wir auf, uns etwas vorzumachen? Gestehen wir uns ein, dass wir die Klimakatastrophe nicht verhindern können. Übers. B. Abarbanell. Reinbek (Rowohlt).

Freud, Sigmund (1916–17): Vorlesungen zur Einführung in die Psychoanalyse. GW XI.

Gast, Lilli (2006): Was bedeutet Verantwortlichkeit? Psyche – Z Psychoanal 60, 57–73.

Grunwald, Armin (2021): Der homo responsibilis. In: Ders. (Hg.): Wer bist du, Mensch? Transformationen menschlicher Selbstverständnisse im wissenschaftlich-technischen Fortschritt. Freiburg (Herder), 216–239.

Hampe, Michael (2018): Die Dritte Aufklärung. Berlin (Nicolai).

Heidbrink, Ludger (2003): Kritik der Verantwortung. Zu den Grenzen verantwortlichen Handelns in komplexen Kontexten. Weilerswist (Velbrück Wissenschaft).

Henkel, Anna (2021): Einführung. In: Dies. (Hg.): 10 Minuten Soziologie: Verantwortung. Bielefeld (transcript), 9–18.

Hoggett, Paul (2013): Climate change in a perverse culture. In: Weintrobe, Sally (Hg.): Engaging with climate change. Psychoanalytic and interdisciplinary perspectives. London (Routledge), 56–71.

Horkheimer, Max & Adorno, Theodor W. (1947): Dialektik der Aufklärung. Philosophische Fragmente. Amsterdam (Querido).

Jonas, Hans (2020 [1979]): Das Prinzip Verantwortung. Versuch einer Ethik für die technologische Zivilisation. Berlin (Suhrkamp).

Kant, Immanuel (1784): Beantwortung der Frage: Was ist Aufklärung? Berlinische Monatsschrift 12, 481–494.

King, Vera (2011): Beschleunigte Lebensführung – ewiger Aufbruch. Neue Muster der Verarbeitung und Abwehr von Vergänglichkeit. Psyche – Z Psychoanal 65, 1061–1088. https://doi.org/10.21706/ps-6 5-11-1061.

King, Vera (2015): Kindliche Angewiesenheit und elterliche Generativität. In: Andresen, Sabine, Koch, Claus & König, Julia (Hg.): Vul-

nerable Kinder. Weinheim (Beltz/Juventa), 23–43. https://doi.org/10
.1007/978-3-658-07057-1_2.

King, Vera (2020): Generativität und die Zukunft der Nachkommen. Krisen der Weitergabe in Generationenbeziehungen. In: Moeslein-Teising, Ingrid (Hg.): Generativität. Gießen (Psychosozial-Verlag). http
s://doi.org/10.30820/9783837929812-11.

King, Vera (2022a): Sozioanalyse. Zur Psychoanalyse des Sozialen mit Pierre Bourdieu. Gießen (Psychosozial-Verlag).

King, Vera (2022b): Generative Verantwortung im Anthropozän – Perspektiven psychoanalytischer Aufklärung. Psyche – Z Psychoanal 76 (12), 1123–1146. https://doi.org/10.21706/ps-76-12-1124.

King, Vera; Gerisch, Benigna & Rosa, Hartmut (Hg.) (2021): Lost in Perfection. Zur Optimierung von Gesellschaft und Psyche. Berlin (Suhrkamp).

King, Vera; Sutterlüty, Ferdinand; Busch, Katarina; Simoni, Mardeni (2023): Triumph des Misstrauens. Normalisierte Spaltungen in der Coronakrise. Psyche – Z Psychoanal (im Erscheinen).

Konersmann, Ralf (2022): »Die Moderne hat die Überschreitung normalisiert«. Gespräch mit Ralf Konersmann in: Philosophie Magazin, Camus. Leben in einer absurden Welt. Sonderausgabe Nr. 21, 2022, 114–117.

Koselleck, Reinhart (2000): Zeitschichten. Frankfurt a.M. (Suhrkamp).

Lear, Jonathan (2020 [2006]): Radikale Hoffnung. Ethik im Angesicht kultureller Zerstörung. Übers. J. Pier. Berlin (Suhrkamp).

Lévinas, Emmanuel (1983 [1949]): Die Spur des Anderen. Untersuchungen zur Phänomenologie und Sozialphilosophie. Übers. W. N. Krewani. Freiburg, München (Alber).

Lotter, Maria-Sibylla (2022): Scham, Schuld, Verantwortung. Über die kulturellen Grundlagen der Moral. 4. Aufl. Berlin (Suhrkamp).

Mann, Michael. E. (2021a): Propagandaschlacht ums Klima – Wie wir die Anstifter klimapolitischer Untätigkeit besiegen. Übers. M. Hüttmann, T. Abarzúa & H. Eppel. Erlangen (Verlag Solare Zukunft).

Mann, Michael E. (2021b): Interview von Vera Schroeder mit Michael Mann in der Süddeutschen Zeitung Nr. 91 vom 21.4.2021, 14f.

Mannheim, Karl (1990 [1928]). Das Problem der Generationen. In: Ders. (Hg.): Wissenssoziologie. Neuwied (Luchterhand), 509–565.

Meadows, Donella, L.; Meadows, Dennis; Randers, Jorgen & Behrens, William W. (1972): Die Grenzen des Wachstums. Bericht des Club of Rome zur Lage der Menschheit. München (dva).

Moellendorf, Darrel (2022): Mobilizing Hope. Climate Change and Global Poverty. Oxford (Oxford University Press).

Nunez, Sigrid (2021 [2020]): Was fehlt dir. Roman. Übers. von A. Grube. Berlin (Aufbau-Verlag).

Offill, Jenny (2022). Wetter. Roman. Übers. von Melanie Walz. München. (Piper-Verlag).

Orange, D. (2017): Climate Crisis, Psychoanalysis, and Radical Ethics. London (Routledge).

Pelluchon, Corinne (2021a): Das Zeitalter des Lebendigen: Eine neue Philosophie der Aufklärung. Übers. U. Bischoff. Darmstadt (wbg academic).

Pelluchon, Corinne (2021b): Interview von Elisabeth von Thadden mit Corinne Pelluchon am 10.4.2021 in ›Die Zeit‹. https://www.zeit.de/k ultur/2021-04/corine-pelluchon-philosophie-coronakrise-pandemi e-zukunft/seite-2 (letzter Zugriff 22.7.2022).

Rehbein, Malte (2021): Verantwortung zwischen Wissenschaft und Politik. In: Henkel, Anna (2021): (Hg.): 10 Minuten Soziologie: Verantwortung. Bielefeld (transcript), 31–46.

Ricœur, Paul (2006): Wege der Anerkennung. Erkennen, Wiedererkennen, Anerkanntsein. Übers. B. Heber-Schärer, U. Bokelmann. Frankfurt a.M. (Suhrkamp).

Suntrup, Jan Christoph (2018): Zwischen Herrschaftskontrolle und Verschwörungstheorie. Zur Ambivalenz von ›Misstrauensdemokratien‹. Polit. Vierteljahresschrift, 59, 2018, 2, 221–243.

Weber, Max (1992 [1919]): Politik als Beruf. Mit einem Nachwort von Ralf Dahrendorf. Stuttgart (Reclam).

Weintrobe, Sally (2021): Psychological Roots of the Climate Crisis. London (Bloomsbury).

Weiß, Heinz (2017): Trauma, Schuldgefühl und Wiedergutmachung. Wie Affekte innere Entwicklung ermöglichen. Stuttgart (Klett-Cotta).

Žižek, Slavoj (2018): Der Mut der Hoffnungslosigkeit. Übers. von Frank Born. Frankfurt a.M. (Fischer).

Mut und andere Tugenden

Carl Eduard Scheidt

Der Mut, so scheint ist, ist zunächst und vor allem eine soldatische Tugend. So antwortet Laches in Platons Dialog auf die Frage des Sokrates, was Mut sei, dass derjenige als mutig zu bezeichnen ist, der »in Reih und Glied standhaltend die Feinde abwehrt und nicht flieht« (Platon, Laches, 190d). Diese Definition erweist sich aber schon bald als unvollständig, denn wie Sokrates zeigt, kann auch derjenige mutig sein, der sich im Rückzug dem Feind zum Kampf stellt (ebd. 191 a). Nikias im Unterschied zu Laches, knüpft dagegen den Mut nicht vor allem an die Bestimmung des mutigen Verhaltens, sondern vielmehr an das Wissen um die Gefahr: Tapferkeit ist die Erkenntnis des Gefährlichen und des Unbedenklichen. Nikias führt aus:

> »Niemals, o Laches werde ich ein Tier noch sonst ein Wesen tapfer nennen, was nur aus Unwissenheit das Gefährliche nicht fürchtet, sondern furchtlos und töricht nenne ich es. Oder meinst Du, ich nenne auch alle Kinder tapfer, welche sich aus Unwissenheit vor nichts fürchten? Sondern ich meine furchtlos und tapfer ist nicht dasselbe. Denn Tapferkeit und Vorsicht findet sich nur bei sehr wenigen, denke ich; Verwegenheit aber und Kühnheit ...bei gar vielen...« (ebd. 197 b).

Tapferkeit und Mut werden hier bei Platon also von der Furchtlosigkeit abgegrenzt. Beiden, Mut und Tapferkeit gemeinsam ist das Wissen um die Gefahr. Dieses Wissen unterscheidet Mut und Tapferkeit von der bloßen Furchtlosigkeit. Den Mut aber kennzeichnet darüber hinaus noch etwas Anderes, das ihn auch von der Tapferkeit unterscheidet. Ihm liegt nämlich eine Entscheidung zugrunde und zwar die Entscheidung, aktiv handelnd in die Abläufe der Welt einzugreifen und die Verantwortung für diese Handlung und ihre Folgen zu übernehmen. Diese Eigenschaft qualifiziert den Mut in besonderer Weise für die moralische Bewertung und charakterisiert ihn im allgemeinen Sprachgebrauch als Tugend. Darauf werden wir unten zurückkommen.

Das Thema Mut ist kein viel bearbeiteter Gegenstand der wissenschaftlichen Psychologie. Die (praktische) Philosophie seit Platon und Aristoteles ist da deutlich besser aufgestellt. Auch für die Psychoanalyse ist der Mut kein Thema. Die Frage ist interessant, warum das so ist. Warum beschäftigt sich eine Wissenschaft, die sich so intensiv mit den menschlichen Motivationen befasst und umfangreiche Theorien zu Genese und Entwicklungspsychologie der Angst bereithält, nicht mit dem Thema Mut? Nun, ein Teil der Antwort liegt in der normativen Implikation des Begriffs, die eben eine Bewertung von Handlungen unverzichtbar macht. Gerade von einer solchen Bewertung von Handlungen will sich eine analytische Theorie menschlicher Motivationen aus guten Gründen fernhalten. Aus guten Gründen deswegen, weil die Bewertung von Handlungen eine Reflexion ethischer Grundsätze erfordert, die eben Thema der Philosophie, weniger aber der Psychologie und der Psychoanalyse ist.

Wenn man sich darüber verständigt, dass Mut grundsätzlich ein wünschenswertes Persönlichkeits- oder Verhaltensmerkmal – also eine Tugend – ist, so wäre aus der Perspektive der Psychologie zu fragen, welche psychologischen Voraussetzungen mutiges Verhalten ermöglichen oder begünstigen. Lässt man bei der Beantwortung dieser Frage zunächst die Kontextfaktoren, die hierbei auch eine Rolle spielen, außer Acht, so kommen vier Aspekte für eine psychologische Theorie des Mutes in Betracht:

(1) Mut erfordert ein Mindestmaß an Autonomie. Dies wird vor allem in sozialen Situationen augenfällig, in denen es darum geht, sich unabhängig von den Erwartungen Anderer an eigenen Wertmaßstäben zu orientieren, entsprechend zu handeln und die damit verbundenen Konflikte auszuhalten. Da sich die menschliche Entwicklung von Beginn an in einem Spannungsfeld zwischen Bindung (Sicherheit) und Autonomie (Exploration) vollzieht, können wir annehmen, dass die Ausprägungen dieser Persönlichkeitseigenschaft ein Ergebnis der individuellen Lebensentwicklung sind.

(2) Mutiges Verhalten wird durch das Vertrauen in die eigene Handlungskompetenz und Selbstwirksamkeit begünstigt. Mit Selbstwirksamkeit ist hier das Bewusstsein gemeint, durch das eigene Handeln die

Umwelt beeinflussen zu können. Das Vertrauen in die eigene Problemlösekompetenz und damit verbunden die Toleranz von Angst werden
ebenfalls erlernt. Anfangs orientieren Kinder sich an den affektiven Si-
gnalen der Bindungspersonen, um zu prüfen, ob Gefahr droht und ein
Angstsignal am Platze ist. Sie lesen auf dem Gesicht der Eltern, ob das
Klettern auf die Rutsche noch zulässig oder zu gefährlich ist, wobei die
Bindungspersonen ständig ihr Wissen um die motorischen Fähigkeiten
des Kindes, d.h. deren Problemlösekompetenz, mit den in der Realität
gestellten Aufgaben abgleichen. So entwickeln Kinder Vertrauen in die
eigene Fähigkeit, auch Situationen und Aufgaben, die sie noch nicht
vollends beherrschen, meistern zu können.

Selbstvertrauen in die eigene Problemlösekompetenz und Handlungsfähigkeit ist, wie schon erwähnt, ebenfalls das Ergebnis einer
Entwicklung. Die Erfahrung, durch das eigene Verhalten das Verhalten
anderer Menschen beeinflussen zu können, beginnt früh. Säuglings-
beobachtungen zeigen, wie mimische und stimmliche Resonanzphä-
nomene in der Mutter-Kind-Interaktion zu einer Selbstentwicklung
beitragen, die grundlegend für die Entwicklung von Handlungskompetenz und Selbstwirksamkeit ist. Die Überzeugung der eigenen Handlungskompetenz (*agency*) wird heute unter anderem auch als wichtiger
Aspekt von ›Resilienz‹ verstanden, d.h. der Fähigkeit, belastende und
mit Stress verbundene Situationen bewältigen zu können.

(3) Die dritte Bedingung mutigen Handelns ist die Fähigkeit zur Risiko-
abschätzung. Im Unterschied zu den beiden oben genannten Bedingungen, – Autonomie und Selbstwirksamkeit – ist die Fähigkeit zur Risiko-
abschätzung im Begriff des Mutes, wie Platon im Laches ausführt, mit
gesetzt: Kein Mut ohne Wissen um die Gefahr. Beim Mut sind also auch
kognitive Fähigkeiten gefragt. Zwar muss mutiges Handeln nicht immer
klug im Sinne einer strategischen Handlungsplanung sein, die Risiken
und möglichen Gewinn miteinander verrechnet. Ein gewisses Bewusstsein der Gefahr ist jedoch Bestandteil jeden mutigen Handelns. Deswegen spielt in den Narrativen mutigen Handelns, wie sie etwa in ›Helden-
reisen‹ erzählt werden, die Beschreibung der Gefahr und die Darstellung
der eigenen Möglichkeiten und (geringen) Chancen, diese zu bestehen,
eine wichtige Rolle. Die Gefahr zu erkennen und die Herausforderung
trotzdem anzunehmen, ist das Kennzeichen mutigen Handelns.

(4) Schließlich spielt beim Mut auch die moralische Bewertung eine Rolle. Mutiges Handeln ist überwiegend prosoziales Handeln: das Sich-Einsetzen für andere unter Inkaufnahme von Risiken und Nachteilen für die eigene Person. Dadurch unterscheidet sich Mut nicht nur von Furchtlosigkeit, sondern auch von Leichtsinn. So mag ein Feuerwehrmann den verzweifelten Versuch wagen, ein Kind aus einem brennenden Haus zu bergen, obwohl er weiß, dass er dabei sein Leben aufs Spiel setzt. Natürlich wird man diese Person als mutig bezeichnen und nicht als leichtsinnig, eben weil sie wohl wissend um die Gefahr ihr eigenes Leben riskiert, um anderes Leben zu retten. Bei der Bestimmung dessen, was als mutig bewertet wird, spielt also die *moralische Qualität der Handlung* eine Rolle. Anders dagegen ein Bergsteiger, der sich kein moralisch bedeutsames, sondern nur ein sportliches Ziel setzt: wenn das Gipfelziel, das er sich gesetzt hat, zu ehrgeizig ist und weit über seine Erfahrung und sein technisches Können hinausgeht und er dabei sein Leben aufs Spiel setzt, wird man ihn wohl weniger als mutig, sondern eher als leichtsinnig bezeichnen. Bemerkenswerterweise spielt bei der Bewertung in diesem Zusammenhang oft aber auch der Erfolg oder Misserfolg der Handlung eine entscheidende Rolle: Scheitert der Unglückliche und stürzt ab, wird ihm Leichtsinn attestiert, erreicht er aber den Gipfel und hat Erfolg, hält man ihn für mutig. Die Bewertung ist also volatil und orientiert sich unter anderem auch am Ergebnis der Handlung, die im Fall des Erfolges als mutig, im Fall des Misserfolges dagegen als leichtfertig bezeichnet wird.

Die hier dargestellte Perspektive auf die psychischen Voraussetzungen von Mut erlaubt aber natürlich keine einfache Prognose darüber, ob eine Person sich in einer bestimmten Situation mutig verhält oder nicht. Neben den psychologischen Aspekten des Mutes spielen eben auch die Kontextbedingungen eine Rolle. Wie unter anderem die Milgram Experimente (Milgram 1974) gezeigt haben, neigen Menschen unglücklicherweise dazu, sich unter den Bedingungen sozialen Drucks abweichend von ihren sonstigen moralischen Standards zu verhalten. Allerdings kann man argumentieren, dass eben genau dies die Situationen sind, in denen sich Mut zeigt, d.h. die Fähigkeit sich unabhängig oder sogar entgegen dem sozialen Druck autonom zu verhalten und unter Abschätzung der Risiken und Folgen entsprechend den eigenen inneren Wertmaßstäben zu handeln.

Wie bereits erwähnt, ist der Mut kein prominentes Thema der Psychologie, hat aber eine längere Tradition in der praktischen Philosophie, der Handlungstheorie und der Soziologie. Die eigentliche Aktualität des Themas Mut rührt deswegen vermutlich vor allem aus den aktuellen politischen Debatten, in denen in Deutschland gelegentlich über eine Mutlosigkeit der Politik geklagt wird. In ihrem Buch »Mutausbruch. Das Ende der Angstkultur« (2021) stellt Gerwers die folgenschwere Diagnose: »Diese menschliche und besonders für Deutschland typische Angstnatur ist ein wichtiger Grund, weshalb wir uns mit Innovationen hierzulande nicht leichttun.« Als Beleg für diese Behauptung wird angeführt, dass Deutschland auf dem ›Global Innovation Index 2019‹ nur auf Platz 9 landet, weit hinter der Schweiz (Platz 1) und Schweden (Platz 2). Als neue Kompetenz fordert die Autorin den »Mut zum Kontrollverlust« (ebd. 20): »Sicherheit bringt uns nicht vorwärts« ebd. 20). Deutschland gilt der Autorin zufolge als das Land der Angsthasen (ebd. 22), dem es endlich gilt eine mutige Zukunftsgestaltung entgegenzusetzen. Der sog. »Mutausbruch« scheint in diesen Formulierungen eher als eine Art von ›Wutausbruch‹ über den vermeintlichen Mutmangel der deutschen Gesellschaft, die sich in einem Zustand selbstverschuldeter Unfreiheit befinde: »Doch Sicherheit kann nicht nur langweilig werden, sie nimmt uns etwas Bedeutendes, unsere Freiheit« (ebd. 23).

Diese Kritik richtet sich vor allem auf denjenigen Aspekt des Mutes, den wir als Risiko-Abschätzung bezeichnet haben. Der Vorwurf geht dahin, dass die Gefahr überschätzt und deswegen mögliche Handlungs- und Entwicklungsoptionen nicht wahrgenommen werden. Darüber kann man diskutieren. Was hier jedoch fehlt ist der Bezug zur moralischen Dimension des Mutbegriffs und die Reflektion der normativen Bewertung der Ziele des hier geforderten mutigen Handelns. Mit anderen Worten: Hier ist vor allem zu fragen, wohin dieses von der Autorin angemahnte mutige Handeln denn genau führen soll, denn vielleicht werden die von ihr projektierten Ziele von vielen überhaupt nicht geteilt.

Das Plädoyer für mehr Mut in der Politik muss noch eine andere Frage in Betracht ziehen: Kann oder soll auch ein Handeln als mutig bezeichnet werden, durch welches Risiken und Gefahren nicht nur für die Akteure selbst, sondern auch für eine große Zahl anderer Menschen entstehen?

Dieser Fall wird interessanterweise nur selten erörtert, obwohl er doch für die Forderung nach mehr Mut in der Politik durchaus bedeutsam ist. Es ist evident, dass die Folgen einer ›mutigen Außenpolitik‹ – beispielsweise im Kontext des russischen Aggressionskrieges gegen die Ukraine – nicht nur und nicht vor allem die Außenministerin selbst treffen, sondern vielmehr die gesamte deutsche Bevölkerung. Auch wurde dem amtierenden Bundeskanzler bei der Entscheidung über die Frage der Waffenlieferungen an die Ukraine unangemessene Zögerlichkeit und Mangel an Mut vorgeworfen. ›Mutige‹ Politiker sind dann also eben nicht nur für sich selbst mutig, sondern auch für viele andere Menschen, die an der jeweiligen mutigen Entscheidung aber keinen unmittelbaren Anteil hatten.

Natürlich können Politiker*innen auch für sich selbst mutig sein und persönliche Risiken auf sich nehmen wie etwa Bürgermeister*innen von Städten und Gemeinden, die sich wegen ihrer Positionierung gegen Rassismus und Diskriminierung plötzlich persönlicher Bedrohung ausgesetzt sehen und trotzdem fortfahren, ihre Haltung öffentlich zu machen. Oder Politiker*innen, die Positionen vertreten, die sie inhaltlich für richtig erachten, wohl wissend, dass sie dies Wählerstimmen kosten wird. Auch dieses Verhalten kann wohl zu Recht als mutig bezeichnet werden. Entscheidungen hingegen, deren gefährliche Konsequenzen nicht allein der Handelnde selbst, sondern auch die ihm Anvertrauten zu tragen haben, als mutig zu bezeichnen, ist, wie die Geschichte des Odysseus zeigt, sehr viel schwieriger. Der mutige und listenreiche Held verfügt nämlich durch sein Handeln nicht nur über sein eigenes Leben, sondern auch über das seiner Gefährten, von deren Mut im Einzelnen dann später kaum mehr die Rede ist.

Das Problem der in diesem Zusammenhang häufig gebrauchten Rede von ›der Politik‹ ist unter anderem darin zu sehen, dass in einem demokratischen Staat ›die Politik‹ kein Subjekt ist. Mut ist aber zunächst und vor allem eine Persönlichkeitseigenschaft, keine Eigenschaft von Institutionen. Man kann zwar sagen, das Verfassungsgericht habe eine mutige Entscheidung getroffen. Es macht aber wenig Sinn davon zu sprechen, dass Deutschland ein mutiges Verfassungsgericht habe. Ähnlich verhält es sich mit allgemeinen Zuschreibungen an ›die deutsche Politik‹ oder an ›die deutsche Gesellschaft‹. Kennzeichnend für eine demokratische Gesellschaft sind komplexe Aushandlungsprozesse auf unterschiedlichen Ebenen der Legislative, der Exekutive und der Jurisdiktion. Daran sind Institutionen wie Parteien, Parlamente, Gerichte und viele einzelne Menschen beteiligt. Dass in diesem Kontext Entscheidungsprozesse langwierig und zeitaufwändig sein können, mag beklagenswert sein, lässt sich aber durch einen »Mutausbruch« kaum beheben. Vielmehr bedürfen die Verfahrensregeln, nach denen die Aushandlungsprozesse verlaufen, immer wieder der Überprüfung und gegebenenfalls der Straffung und der Verbesserung. Auch hierbei können mutige Entscheidungen erforderlich sein.

Am Ende des platonischen Dialoges scheitert aber auch Nikias mit seinem Argument gegen den Laches. Nikias hatte den Mut an das Wissen um die drohende Gefahr geknüpft und ihn so von der naiven Furchtlosigkeit abgegrenzt. Er muss sich von Sokrates belehren lassen, dass die Erkenntnis des Gefährlichen und des Unbedenklichen nur einen Teil der Tugend ausmacht, nicht die ganze Tugend. Sokrates spricht von einem Drittel – eine Angabe, die eine erstaunliche Präzision offenbart. Zur ganzen Tugend gehöre neben dem Mut etwa auch die Besonnenheit, die Gerechtigkeit und die Frömmigkeit (die man hier vielleicht besser durch Demut ersetzt) (199d).

Vielleicht sollten wir der deutschen Politik im Sinne des Sokrates eher die ganze Tugend ans Herz legen als nur und vor allem den Mut!

Literatur

Gerwers, S. 2021. Mutausbruch. Das Ende der Angstkultur. Zürich: Midas Management Verlag.

Milgram, S. 1974. Obedience to authority. New York, NY: Harper & Row.

Platon. 1957. Platon: Laches. In: Platon Sämtliche Werke, herausgegeben von Ernesto Grassi unter Mitarbeit von Walter Hesse in der Übersetzung von Friedrich Schleiermacher mit der Stephanus-Nummerierung, Bd. 1, S. 151–175. Rowohlt: Reclam.

Über Mut:
Eine geschlechterpsychologische Perspektive

Nicole M. Else-Quest

Ein Kellner greift zu den Waffen, um gegen eine einmarschierende Streitmacht zu kämpfen und die Selbstbestimmung und Autonomie seines Landes zu verteidigen, obwohl er dabei ein erhebliches Trauma- und Todesrisiko eingeht. Ein Chirurg gibt bekannt, dass ihm bei einer Operation ein medizinischer Fehler unterlaufen ist, trotz der finanziellen und rechtlichen Risiken. Die Assistentin eines Premierministers berichtet, dass ihr Chef Bestechungsgelder angenommen hat, obwohl dies ein erhebliches Risiko für ihre Karriere darstellt. Eine Busfahrerin lebt offen als Transgender-Frau, trotz des erhöhten Risikos von Gewalt und sozialer Ächtung. Ein Teenager lässt sich wegen seiner Opiatabhängigkeit behandeln, obwohl er mit körperlichen und psychischen Schmerzen zu kämpfen hat. Mut ist gleichzeitig gewöhnlich und außergewöhnlich, privat und öffentlich.

Obwohl Mut logischerweise in den Zuständigkeitsbereich der Psychologie fällt, hat sich die Disziplin nur langsam mit der Untersuchung von mutigem Verhalten befasst. Der Mangel an psychologischer Wissenschaft zum Thema Mut ist bemerkenswert, beschäftigen sich doch Psycholog:innen seit Jahrzehnten mit der Untersuchung von Angst, Risikobereitschaft, Gehorsam gegenüber Autoritäten, dem Bystander-Effekt sowie anderen psychologischen Phänomenen, die offensichtlich mit Mut zusammenhängen. Angeregt durch die Bewegung der Positiven Psychologie (z.B. Peterson & Seligman, 2004), begann die empirische Forschung zur Psychologie des Mutes erst im 21. Jahrhundert. Ausgehend von diesem begrenzten Forschungsgebiet, soll dieses Kapitel einen Beitrag zu einer feministischen psychologischen Perspektive auf Mut leisten. Es wird sich fünf grundlegenden Fragen widmen. Erstens: Was ist Mut? Zweitens: Wie ist Mut gegendert? Drittens: Wie erforschen Psycholog:innen Mut? Viertens: Wo finden wir Mut? Mit anderen Worten:

Sind manche Menschen mutiger als andere? Und welche situativen oder kontextuellen Faktoren lösen Mut aus? Diese Punkte sind wesentlich für die fünfte Frage: Wie können wir Mut kultivieren? Zu jeder dieser Fragen gebe ich einen Überblick über das, was Psycholog:innen auf der Grundlage theoretischer und empirischer Arbeiten behaupten. Ein umfassender Überblick über die Forschung zur Psychologie des Mutes würde den Rahmen dieses Kapitels sprengen. Solche Übersichten sind anderweitig verfügbar (z.B. Detert & Bruno, 2017; Kelley et al., 2019; Pury et al., 2016).

1. Was ist Mut?

Die grundlegendste Frage zur Psychologie des Mutes ist vielleicht auch die verwirrendste. Altgriechische, konfuzianische und buddhistische Sichtweisen haben wichtige Grundlagen für die heutigen Konstruktionen von Mut als Tugend beigesteuert (Putman, 2010). Die aristotelische Perspektive des Mutes als eine Tugend, die zwischen den Extremen oder Lastern der Feigheit und der Unbesonnenheit balanciert, ist eindeutig grundlegend für die Ausrichtung der westlichen Psychologie (Peterson & Seligman, 2004). Frühe theoretische Beiträge von Psycholog:innen definierten Mut außerdem als Ausdauer oder Beharrlichkeit trotz Angst (Detert & Bruno, 2017; Norton & Weiss, 2009). Während einige behaupten, dass Angst essenziell ist (Rachman, 2010), argumentieren viele, dass das Verspüren von Angst ein Verhalten nicht mutiger oder weniger mutig macht (z.B. Rate, 2010; Woodard, 2010). Die Debatten darüber, wie Mut konzeptualisiert, operationalisiert und gemessen werden sollte, halten an, so dass es in der Disziplin keinen klaren Konsens gibt (Kelley et al., 2019).

Viele Perspektiven betonen heute vier entscheidende Kriterien (Rate, 2010) in Definitionen von Mut. Erstens: Mut ist gewollt und freiwillig. Zweitens: Er ist nicht impulsiv, sondern setzt eine bewusste Entscheidung voraus. Drittens: Mut beinhaltet ein gewisses Maß an wahrgenommenem Risiko oder Verletzlichkeit, was ihn von alltäglichem Hilfsverhalten unterscheidet. Gleichzeitig ist Mut nicht mit rücksichtslosem ›thrill-seeking‹ gleichzusetzen. Viertens: Mut hat eine prosoziale oder moralische Motivation. Dies kann eine persönliche Motivation sein (z.B. die Überwindung einer Angst oder Phobie) oder eine ethische (z.B. die Wahrheit zu sagen), wie der Begriff *Zivilcourage* verdeutlicht. Sind diese vier Definitionskriterien ausreichend präzise oder nützlich? Die Subjektivität sowohl des Risikos als auch der Motivation erschweren unsere Fähigkeit zum Herausarbeiten von Mut (Pury et al., 2015; Sasse et al., 2022). Psycholog:innen haben auf diese Herausforderung größtenteils mit einem feinkörnigeren Ansatz reagiert, der versucht, eine Vielzahl von Mut-»Typen« sauber zu unterscheiden (Kelley et al., 2017). Während beispielsweise körperlicher Mut tendenziell die öffentlichste Art von Mut ist und mit physischem Risiko verbunden ist, beinhaltet psychologischer Mut psychisches Risiko und Verletzlichkeit. Andere unterscheiden zwischen persönlichem Mut (also Mut, bei dem das Risiko nur für den Einzelnen besteht, wie z.B. die Behandlung einer Spinnenphobie durch eine Expositionstherapie) und allgemeinem Mut (d.h. wenn das Risiko von den meisten Menschen wahrgenommen werden kann, wie z.b. der Versuch, jemanden zu retten, der im Meer ertrinkt). Psycholog:innen unterscheiden auch zwischen gutem und schlechtem Mut, z.b. wenn die eigene Motivation als edel oder prosozial empfunden wird, aber im Gegensatz zu derjenigen der meisten Menschen in der Gesellschaft steht, oder wenn die Handlung selbst als unerwünscht angesehen wird, wie im Fall von Terrorismus.

Da das psychologische Lexikon des Mutes immer umfangreicher geworden ist, scheint der Mut komplizierter und einer wissenschaftlichen Untersuchung weniger zugänglich geworden zu sein. Die Versuche der Psychologie, die Konzeptualisierung von Mut zu verfeinern, haben bisher weder das Ziel der Parsimonie und wissenschaftlichen Präzision erreicht, noch wurde die sozial konstruierte und subjektive Natur von Mut angemessen berücksichtigt.

2. Wie ist Mut gegendert?

Mut wurde lange Zeit in geschlechtsspezifischen und androzentrischen Begriffen konzeptualisiert, sogar in der Sprache. Die altgriechische Tugend *andreia* wird oft mit ›Mut‹ übersetzt, aber wörtlich bedeutet sie ›Männlichkeit‹. Obwohl heute Männer und Frauen Mut ähnlich konstruieren (Lopez et al., 2010), wird Mut immer noch typischerweise mit männlichen Begriffen beschrieben, insbesondere wenn der Mut mit körperlichem Risiko, Tapferkeit oder Heldentum verbunden ist (siehe

Becker & Eagly, 2004). Diese geschlechtsspezifische Konstruktion von Mut ist insofern ausgrenzend, als sie den höheren Status der männlichen Rolle bekräftigt und Männern im Vergleich zu Frauen ein größeres Potenzial für diese Tugend zuschreibt.

Die Vorstellung von Mut in männlichen Begriffen ist auch insofern ausgrenzend, als sie viele andere Formen von Mut, die wir im Leben ausüben oder erleben, ausschließt. Wir nehmen oft nur bestimmte Ausdrucksformen von Mut bei bestimmten Menschen wahr, nämlich körperlichen Mut oder dramatische und heroische Taten, die von Männern ausgeführt werden. Das hat zur Folge, dass wir andere Ausdrucksformen von Mut bei anderen Menschen nicht sehen oder erkennen. Denken wir an den Mut einer Frau, die bei der Polizei eine Anzeige gegen ihren Ehepartner erstattet, weil sie häusliche Gewalt erlebt. Sie sieht sich einem erhöhten Gewaltrisiko ausgesetzt, ebenso wie den psychosozialen Risiken von Schuldzuweisung und Scham seitens der Familie und der Polizei, was bei Opfern geschlechtsspezifischer Gewalt nur allzu häufig vorkommt. Dieser Mut wird kaum anerkannt oder gelobt, obwohl er natürlich lobenswert ist.

Auch wenn Männer und Frauen nicht in gleichem Maße für ihren Mut anerkannt werden, sind sie nicht doch ähnlich mutig? Männer werden tendenziell als mutiger wahrgenommen als Frauen (Rankin & Eagly, 2008), aber diese Wahrnehmung scheint eher genderspezifische Stereotypen widerzuspiegeln als tatsächliche Unterschiede bei mutigem Verhalten. Und obwohl Auszeichnungen für Heldentum eher an Männer als an Frauen vergeben werden (Becker & Eagly, 2004), umfasst Heldentum nur extreme und öffentliche Beispiele von physischem Mut, die von der Gesellschaft anerkannt und belohnt werden. Das heißt körperlicher Mut und Heldentum sind männliche Ausdrucksformen von Mut.

Wenn wir andere Ausdrucksformen von Mut berücksichtigen (solche, die kein Heldentum oder extreme körperliche Handlungen erfordern), zeigen sich keine konsistenten Genderunterschiede (z.B. Goodwin et al., 2020). Tatsächlich deuten die meisten Forschungsergebnisse darauf hin, dass Männer nicht mutiger oder weniger mutig als Frauen sind, aber es gibt durchaus Kontexte, in denen wir Unterschiede in Bezug auf mutige Verhaltensweisen oder Absichten feststellen. So sind Frauen beispielsweise eher bereit, die körperlichen Risiken einer Organspende auf sich zu nehmen, und machen so zwei Drittel der Lebendorganspenden aus (Steinman, 2006). Frauen sind auch eher bereit, als *Whistleblower* Missstände zu melden (Mesmer-Magnus & Viswesvaran,

2005). Weitere Untersuchungen zu dieser Frage sind erforderlich, um das Ausmaß und die Konsistenz der genderspezifischen Unterschiede bei mutigem Verhalten herauszufinden.

Jungen und Mädchen werden auf unterschiedliche Art und aus unterschiedlichen Gründen dazu erzogen, mutig zu sein. Das heißt, die Sozialisierung in der Genderrolle fördert die Entwicklung männlicher und weiblicher Ausprägungen von Mut (z.B. körperliche Risikobereitschaft vs. Selbstlosigkeit) und geschlechtsspezifische Motivationen mutig zu sein (z.B. selbstbewusst vs. prosozial). Die männliche Genderrolle mit ihren konstituierenden Merkmalen Handlungsfähigkeit, Individualismus, Entschlossenheit, Selbstvertrauen, Furchtlosigkeit und Stoizismus scheint für physischen Mut und Heldentum geschaffen zu sein. Ausdrucksformen von Männlichkeit beinhalten oft eine kühne Risikobereitschaft ohne offensichtliche Rücksicht auf soziale oder körperliche Konsequenzen, und wir sozialisieren Jungen dahingehend, ihre Genderrolle auf diese Weise auszuleben. Diese Aspekte der männlichen Rolle – die in vielen Kulturen zu finden sind (Glick et al., 2004) – spiegeln sowohl eine idealisierte als auch eine hegemoniale Version von Männlichkeit wider, wonach Männlichkeit körperlichen Mut und Heldentum erfordert, und zwar häufig nach außen gerichtet.

Im Gegensatz dazu ist die weibliche Geschlechterrolle, die Eigenschaften wie Gemeinschaftssinn, Fürsorge, Empathie, Selbstlosigkeit, emotionale Intelligenz (aber auch Ängstlichkeit) sowie Demut und Unterwürfigkeit umfasst, zutiefst prosozial. In gewisser Weise ist sie für eine Zivilcourage im Privaten geschaffen. Durch die Betonung einer Ethik der Fürsorge räumt die weibliche Genderrolle Beziehungen und dem Wohlergehen der Anderen Priorität ein, was sich auf scheinbar selbstlose Akte der Zivilcourage ausweiten kann (Simola, 2015). Gleichzeitig ist die weibliche Genderrolle auch gegenüber Institutionen und sozialen Normen respektvoll, so dass es unwahrscheinlich ist, dass sie die aufsehenerregende Art von Mut fördert, für die wir Medaillen vergeben. Während die weibliche Rolle vielleicht ruhigere Formen des Mutes für andere kultiviert, entmutigt sie mutiges Verhalten für sich selbst (z.B. die Konfrontation mit einer Phobie oder das Melden der eigenen Viktimisierung) oder mutiges Verhalten, das ihre persönlichen sozialen Netzwerke stören könnte. Wenn sich Frauen also eher männliche Formen von Mut an den Tag legen, verletzen sie ihre Genderrolle.

Tatsächlich bedeutet die geschlechtsspezifische Konstruktion von Mut, dass eine Frau, die ein mutiges Verhalten zeigt, das als Standard für Männer angesehen wird, möglicherweise ungerecht beurteilt wird, insbesondere wenn ihre mutigen Bemühungen erfolglos sind. Während Männer für mutiges, konfrontatives und sogar spalterisches Verhalten oft Lob erhalten, werden Frauen für das gleiche Verhalten oft bestraft, weil es als männlich gilt. Das soziale Risiko, einen Rückschlag für die Verletzung der eigenen Genderrolle zu erleiden, erhöht den Einsatz für Frauen, mutig zu sein, noch weiter. Infolgedessen wird der Mut von Frauen möglicherweise eher gewürdigt, wenn er mit der weiblichen Rolle übereinstimmt, z.B. wenn er auf Kooperation, Mitgefühl und Fürsorge basiert.

Während die feministische psychologische Theorie viel über den genderspezifischen Ausdruck und die Sozialisierung von Mut verrät, gibt es kaum hochwertige empirische Forschung zu diesem Thema und ist so ein wichtiger Bereich für weitere wissenschaftliche Studien (Tkachenko et al., 2018). Darüber hinaus schränkt die genderspezifische Konstruktion von Mut die Validität der bestehenden empirischen Forschung in der Psychologie ein.

3. Empirische Forschungsmethoden in der Psychologie des Mutes

Wie können wir Mut empirisch untersuchen angesichts der grundlegenden Herausforderung, Mut so zu definieren, dass die ganze Bandbreite der Ausdrucksformen mutigen Verhaltens erfasst wird? Mut ist eindeutig ein psychologisches Konstrukt, dennoch gibt es auffallend wenig empirische psychologische Forschung dazu. Dieser Mangel an empirischer Forschung über Mut spiegelt größtenteils die historische Beschäftigung der Disziplin mit der Untersuchung unangemessener (sog. maladaptiver) oder sozial unerwünschter Verhaltensweisen wider. Milgrams (1974) berühmte Studien über Gehorsam hatten zum Beispiel Ergebnisse, die für unser Verständnis von Mut eindeutig relevant sind. Der Mut, den etwa ein Drittel der Versuchsteilnehmer:innen an den Tag legte, als sie dem Versuchsleiter nicht gehorchten, war für Milgram weitgehend uninteressant; stattdessen interessierte er sich vor allem für die zwei Drittel, die den Befehlen des Versuchsleiters zu unethischem und schädlichem Verhalten gehorchten (oder zumindest glaubten, dass sie dies taten). Die Bewegung der Positiven Psychologie, die Ende des 20. Jahrhunderts aufkam, markierte eine Verschiebung des disziplinären Interesses an positiven Verhaltensweisen, Eigenschaften und Tugenden, einschließlich Mut. Die Psychologie des Mutes ist also noch ein relativ unerschlossenes Forschungsgebiet, das mit der Herausforderung klarkommen muss, Mut zu definieren und seine Parameter zu bestimmen.

4. Implizite oder Alltagstheorien des Mutes

Eine Strategie besteht darin, die Teilnehmer:innen zu bitten, Mut in ihren eigenen Worten zu definieren oder sich an einen Moment zu erinnern, in dem sie Mut bei anderen gesehen haben, oder Listen von Verhaltensweisen als Prototypen für Mut zu sortieren. Rate und Kolleg:innen (2007) führten beispielsweise fünf Studien zu impliziten Theorien des Mutes mit US-amerikanischen Stichproben durch. In einer Studie erstellten die Teilnehmer:innen Listen von Verhaltensweisen, die mit mutigen Menschen in Verbindung gebracht werden (z.b. »stark im Angesicht von Widrigkeiten«; »tut das Richtige, auch wenn es schwerfällt«). In einer anderen Studie wurden die Teilnehmer:innen gebeten, die Verhaltensweisen danach zu bewerten, wie charakteristisch oder prototypisch sie für Mut sind. Insgesamt ergaben sich aus diesem Projekt drei Faktoren oder Dimensionen, die das Handeln in Verfolgung edler Ziele und die Beharrlichkeit in diesem Bemühen betonen, auch wenn es mit Schwierigkeiten oder Risiken für die eigene Person verbunden ist.

Solche Studien zu impliziten, in der Bevölkerung verbreiteten Theorien über Mut sind besonders informativ und am wenigsten voreingenommen, wenn sie mit unterschiedlichen Stichproben durchgeführt wurden. Das Projekt von Lopez und Kolleg:innen (2010) umfasste beispielsweise Stichproben aus Indien, Griechenland und den USA. Trotz einiger kultureller Unterschiede ergaben sich in einer Studie dieses Projekts gemeinsame Themen. Die Antworten der Teilnehmer:innen auf die Frage »Was ist Mut?« spiegelten die folgenden Themen wider: Risikobereitschaft auch angesichts möglicher Misserfolge, negativer Konsequenzen und/oder Ungewissheit; eine bestimmte Einstellung; ein sich den Herausforderungen Stellen (nur in der US-amerikanischen und indischen Stichprobe); die Verteidigung von Überzeugungen; und schließlich innere Stärke (nur in der indischen Stichprobe). Ebenso zeigen qualitative Studien zu den impliziten Theorien des Mutes mit chinesischen Informant:innen eine ähnliche Betonung von Beharrlichkeit, aber insbesondere auch die Betonung der Verantwortung und des

Durchbruchs (Cheng & Huang, 2017). Die kulturellen Ähnlichkeiten und Unterschiede, worüber in Studien wie diesen berichtet wird, sind wichtig und spiegeln die sozial konstruierte Natur von Mut wider. Grad und Ausmaß von kulturübergreifenden Variationen in der Konstruktion von Mut sind ein wichtiger Bereich für die zukünftige Forschung.

5. Maßnahmen zur Selbsteinschätzung

Um Mut als Prozess zu messen, haben Psycholog:innen vor allem Selbstberichte und Verhaltensbeobachtungen eingesetzt. Einige Selbsteinschätzungsinstrumente bewerten Mut als stabile Eigenschaft oder Facette des Selbst. Bei diesen Messungen können die Teilnehmer:innen bewerten, wie gut eine Aussage über Mut zu sich selbst passt, z.b.»Selbst wenn mir etwas Angst macht, werde ich mich nicht zurückziehen« (Norton & Weiss, 2009) oder »Ich bin die Art von Person, die unfehlbar ist, wenn es darum geht, bei der Arbeit das Richtige zu tun« (Sekerka et al., 2009). Eine offensichtliche Einschränkung bei solchen Mutmaßungen ist die Verzerrung durch soziale Erwünschtheit. Kurz gesagt, die Teilnehmer:innen könnten motiviert sein, ihren Mut überzubewerten, weil Mut gesellschaftlich geschätzt wird. Techniken zur Erkennung sozialer Erwünschtheit zeigen, dass ein geringes, aber messbares Risiko dieser Verzerrung besteht (Howard & Alipour, 2014). Eine damit zusammenhängende Einschränkung aller eigenschaftsbasierten Messungen besteht darin, dass sie der Selbststereotypisierung unterliegen, da sie die Teilnehmer:innen auffordern, weitreichende Verallgemeinerungen über sich selbst vorzunehmen. Zum Beispiel könnten Männer ihren Mut überbewerten, weil Mut als männliche Eigenschaft stereotypisiert wird.

Alternativ dazu können Selbstauskünfte zur Bewertung mutiger Absichten herangezogen werden. Die Teilnehmer:innen können bewerten, wie wahrscheinlich es ist, dass sie in hypothetischen Situationen handeln würden, z.b.»Wenn ich in Zeiten des nationalen Notstands gerufen würde, würde ich mein Leben für mein Land geben« (Woodard & Pury, 2007). Die offensichtlichste Einschränkung selbstberichteter Absichten ist, dass Absichten kein Verhalten sind. Was wir zu tun behaupten, stimmt nicht immer mit dem überein, was wir tatsächlich tun. Die inhärente Komplexität von Situationen, die Mut erfordern, sowie die Verzerrung durch soziale Erwünschtheit lassen Zweifel daran aufkommen, dass wir solche Absichten auf valide oder nützliche Weise messen können.

Verhaltensbasierte Maßnahmen

Viele Menschen geben an, dass sie sich in einer hypothetischen Situation mutig verhalten würden, doch es gibt Hinweise darauf, dass solche Absichten das tatsächliche Verhalten nur schlecht vorhersagen können. In einem Online-Experiment gaben beispielsweise 64 % der Teilnehmer:innen an, dass sie sexuelle Belästigung melden würden, wenn sie Zeuge einer solchen würden. Als sie jedoch später tatsächlich Zeuge einer sexuellen Belästigung wurden und mehrere Gelegenheiten hatten, diese zu melden, taten dies weniger als 50 % von ihnen (Goodwin et al., 2020). Bei solchen Verhaltensmaßnahmen inszenieren die Forscher:innen eine Situation, die ein mutiges Eingreifen der Teilnehmer:innen erfordern würde. Beispielsweise wird erlebt ein:e Teilnehmer:in, wie ein Versuchsleiter einen Assistenten (d.h. einen eingeweihten Pseudo-Teilnehmer des Experiments) beleidigt, und wird dann beobachtet, wenn er/sie die Möglichkeit hat, einzugreifen (z.B. Osswald et al., 2010).

Abgesehen von der aufwendigen Planung und Durchführung solcher Experimente besteht eine große Herausforderung in den ethischen Bedenken, die Teilnehmer:innen zu täuschen und eine Situation zu inszenieren, die ausreichend unmoralisch ist, um ein Eingreifen zu rechtfertigen, aber nicht so unmoralisch, dass sie den Teilnehmer:innen Schaden zufügt. Die Menschen fühlen sich schuldig oder schämen sich, weil sie nicht eingegriffen haben, und es ist nicht klar, ob diese negativen Gefühle sie dazu bringen, in Zukunft mutiger zu handeln. Zu den weniger kostspieligen (aber potenziell weniger interessanten) Verhaltensmaßnahmen gehören daher Verfahren wie die Beobachtung, wie dicht sich in einer Laborumgebung Teilnehmer:innen mit einer selbstberichteten Spinnenphobie einer präparierten Tarantel zu nähern wagen (Norton & Weiss, 2009).

Diese Selbsteinschätzungs- und Verhaltensmessungen sagen uns etwas über Mut, auch wenn sie erhebliche Einschränkungen aufweisen. Insbesondere mangelt es ihnen an ökologischer Validität oder Verallgemeinerbarkeit für unser tägliches Leben, und sie definieren Mut weiterhin sehr eng. Das wirkliche Leben, einschließlich seiner komplexen Dimensionen der Ungleichheit, ist viel komplizierter und moralisch belasteter als ein inszeniertes Experiment oder ein Fragebogen.

6. Wo finden wir Mut?

Mut als Charaktereigenschaft

Erhebliche Meinungsverschiedenheiten gibt es nicht nur bei der Definition und Messung von Mut, sondern auch bei der Frage, ob Mut eine Charaktereigenschaft oder eher ein situationsbedingtes Verhalten ist. Mit anderen Worten: Sind manche Menschen einfach mutiger als andere? Oder ist mutiges Verhalten weitgehend ein Produkt der Umstände, so dass jeder das Potenzial hat, in einer bestimmten Situation mutig zu sein? Die Klärung dieser Frage kann Aufschluss über Interventionsmaßnahmen geben, die mutiges Handeln unterstützen oder fördern, wenn es die Situation erfordert.

Einige Wissenschaftler:innen greifen die aristotelische Perspektive auf Mut als Tugend auf und bezeichnen ihn als eine relativ beständige Charaktereigenschaft (z.B. Putman, 2010). Ein Großteil der Forschung hat sogenanntes *trait courage* (Mut als Eigenschaft oder Disposition) bei Einzelpersonen hervorgehoben (z.B. Baumert et al., 2013; Goodwin et al., 2020; Osswald et al., 2010). Hannah und Kolleg:innen (2007) stellen die Theorie auf, dass ein ganzes Bündel von Eigenschaften, Zuständen, Werten und Überzeugungen die mutige Haltung ausmacht, die mutiges Verhalten befördert. Sie gehen beispielsweise davon aus, dass mutiges Verhalten zum Teil durch Persönlichkeitsmerkmale wie Offenheit für Erfahrungen (die Tendenz zu Nonkonformismus, Kreativität und Risikobereitschaft) und Gewissenhaftigkeit (die Tendenz zu Ausdauer und problemorientierter Bewältigung) begünstigt wird. Sie betonen auch die Rolle der Selbstwirksamkeit (also die Überzeugung, dass man bei einer bestimmten Aufgabe erfolgreich sein kann) im Umgang mit Gefahren und Risiken. Außerdem sollte Mut ein gewisses Maß an Klarheit über die eigenen Werte oder Überzeugungen mit sich bringen. Obwohl diese Zusammenhänge auf den ersten Blick relevant und angemessen erscheinen, hat die empirische Forschung widersprüchliche Evidenz erbracht (Mesmer-Magnus & Viswesvaran, 2005). Daher ist es schwierig zu erkennen, ob Mut als dauerhafte Charaktereigenschaft oder stabiles persönliches Attribut zu verstehen ist und nicht als etwas, zu dem alle Menschen in der ›richtigen‹ Situation oder im richtigen Kontext fähig sind.

Die Macht des Kontextes

Feminist:innen stehen persönlichen Erklärungen oder Zuschreibungen für Verhalten seit langem kritisch gegenüber. Wenn eine Person mutiges Verhalten an den Tag legt (oder auch nicht), sind daher situative oder kontextuelle Faktoren zu untersuchen. Die Identifizierung von Kontextfaktoren, die mit Mut in Verbindung stehen, kann auch Hinweise darauf geben, wie wir mutiges Verhalten in Zukunft besser fördern können. So gibt es beispielsweise Maßnahmen, die das persönliche Risiko für mutiges Handeln verringern, wie z.b. Gesetze, die anonymes Whistleblowing erlauben, oder andere Verfahren, die das Melden von unethischem Verhalten erleichtern (Pury et al., 2010). Im Gegensatz dazu können bestimmte Situationen Mut weniger wahrscheinlich machen, indem sie die Risiken von Nonkonformität oder Dissens erhöhen, wie etwa in autoritären, oppressiven oder korrupten politischen Kontexten. Diese Muster legen nahe, dass wir, wenn wir wirklich Mut in unseren Institutionen oder Organisationen fördern wollen, darauf achten sollten, die mit der Vielfalt der Perspektiven auf eine Situation verbundenen Risiken zu minimieren. Natürlich wird es immer Schwankungen im Verhalten geben, was darauf hindeutet, dass persönliche Eigenschaften immer noch eine gewisse Rolle spielen können.

Oftmals besteht eine fruchtbarere Strategie darin, persönliche Merkmale in Wechselwirkung mit dem sozialen Kontext oder situativen Variablen zu betrachten. Ein interessanter Arbeitsbereich, der dies tut, befasst sich mit institutioneller Loyalität und Whistleblowing (Berman & Lundquist, 2022). Es gibt Hinweise darauf, dass Personen, die eine geringere institutionelle Loyalität empfinden, mit größerer Wahrscheinlichkeit Whistleblower innerhalb dieser Institutionen sind (Dungan et al., 2019). Da Angehörige marginalisierter oder unterrepräsentierter Gruppen – namentlich Frauen und Menschen, die durch andere Dimensionen der Ungleichheit benachteiligt sind – tendenziell ein geringeres Zugehörigkeitsgefühl und eine geringere Loyalität zu ihrem Arbeitsplatz empfinden, sind sie eher bereit, unethische Praktiken der Institution zu melden. Gleichzeitig sind Frauen auch eher mit Repressalien konfrontiert, wenn sie Missstände melden, so dass der Schutz von Hinweisgeber:innen wichtig ist. In der Tat sind Frauen eher bereit als Männer, Missstände in ihren Institutionen vertraulich zu melden, insbesondere in Institutionen, in denen Frauen in der Überzahl sind. Das heißt, in vielen Institutionen sind Frauen in ausreichender Zahl vertreten, um nicht als Vorzeige- oder Quotenfrauen zu gelten, aber sie haben immer noch nicht den Status oder Rang, um institutionelle Veränderungen herbeiführen zu können. Die Kombination aus geringerer Loyalität gegenüber der Institution und dem Schutz von Whistleblowern trägt zum Entscheidungsprozess bei, indem sie die Risiken begrenzt. Wenn es bei diesen Prozessen im Wesentlichen um Macht und Ungleichheit geht, sollten wir ähnliche Muster auch bei anderen marginalisierten oder unterrepräsentierten Gruppen beobachten. Hier ist deutlich mehr Forschung nötig.

Wie können wir den Mut kultivieren?

Die Psychologie versucht, Verhalten zu verstehen, um es zu optimieren. Der Wert des besseren Verstehens von Mut – nicht nur seine Definition, sondern auch seine Erklärung – besteht also darin, seinen Ausdruck zu erleichtern und die Gesellschaft zu verbessern. Eine Handvoll Studien zeigt einige mögliche Wege auf, um mutiges Verhalten zu kultivieren, aber die Ergebnisse sind vorläufig. So können wir zum Beispiel nicht nur mehrere Möglichkeiten bieten, unethisches Verhalten zu melden, sondern auch das Risiko begrenzen, indem wir den sozialen Druck nutzen. Die #MeToo-Bewegung war zum Teil deshalb so erfolgreich, weil das Offenlegen von Belästigungen gefördert und nicht stigmatisiert wurde. Das heißt, das mit einer Nichtmeldung verbundene Risiko wurde durch den sozialen Kontext begrenzt, der Offenheit über die weit verbreitete Erfahrung der Viktimisierung förderte.

Wir könnten Mut auch dadurch fördern, dass wir ihn durch einen vorangehenden Reiz stimulieren (Englisch: *priming*). Das heißt, wenn wir Mut hervorheben und den Menschen bewusst machen, könnten wir sie dazu ermutigen, Mut nicht als etwas Seltenes, sondern als Erwartetes oder Normales anzusehen. Ein Forschungsteam versetzte beispielsweise Teilnehmer:innen in Situationen, die nach Zivilcourage verlangten, nachdem sie zwei Arten von Filmszenen gezeigt hatten (Osswald et al., 2010). Die Hälfte der Teilnehmer:innen sah Filmszenen, die mutiges Verhalten darstellten (die Priming-Bedingung, um prosoziale Normen hervorzuheben), und die andere Hälfte sah andere Filmszenen (die Kontrollbedingung). Alle Teilnehmer:innen sahen, wie der Versuchsleiter einen ausländischen Studenten (der in Wirklichkeit eingeweiht war) beleidigte und diskriminierte. Anschließend untersuchte das Team, ob die Teilnehmer:innen zugunsten des ausländischen Studenten intervenierten. Teilnehmer:innen, die sich in der Priming-Bedingung befanden, griffen häufiger ein als Teilnehmer:innen in der Kontrollbedingung. Andere Studien weisen auf ähnliche Prozesse hin, bei denen das Hervorheben von prosozialem Verhalten mutige Absichten erhöht (Graupmann & Frey,2014).

Abschließend könnten wir auf die Arbeit im Bereich *bystander intervention training* zurückgreifen, indem wir Fähigkeiten vermitteln, die die Selbstwirksamkeit des Eingreifens stärken, sobald Mut erforderlich ist. Die Programme zur Intervention von unbeteiligten Personen sind keine Mutmaßungen im eigentlichen Sinne, sondern schulen Menschen darin, einzugreifen, wenn sie Zeugen genderspezifischer Gewalt werden. Solche Schulungen tragen z.B. zur Verringerung genderspezifischer Gewalt an Hochschulen bei (Coker et al., 2016). Indem wir die Fähigkeiten vermitteln, auf die man sich in gefährlichen oder unethischen Situationen verlassen kann, könnten wir nicht nur die Wirksamkeit des individuellen Eingreifens stärken, sondern auch die Selbstwirksamkeit, die die unbeteiligten Dritten dazu bringt, überhaupt einzugreifen.

7. Fazit

Im September 2022 marschierten Dutzende von Mädchen in Schuluniformen friedlich durch die afghanische Provinz Paktia und forderten die Taliban auf, das Verbot aufzuheben, das rund 3 Millionen Mädchen vom Besuch einer weiterführenden Schule abhält. Der Protest der Mädchen wurde schnell von den Sicherheitskräften aufgelöst, die in der Vergangenheit immer wieder weibliche Demonstranten verprügelt hatten. Der Mut der Mädchen, für ihr Recht auf Bildung Risiken einzugehen, blieb in den Medien weitgehend unbemerkt.

Während es meist die dramatischen Fälle von Heldentum sind, die unsere Aufmerksamkeit erregen, verhalten sich auch ganz normale Menschen jeden Tag mutig, indem sie Risiken eingehen und unter verschiedenen Umständen mutig sind. Damit die Psychologie einen Beitrag zu den Forderungen nach mehr Mut leisten kann, muss sie die gesamte Bandbreite der Ausdrucksformen von Mut erfassen. Unsere Konzeptualisierung von Mut muss Dimensionen der Ungleichheit wie Geschlecht und Ethnizität berücksichtigen. Es ist wichtig, unsere Definitionen zu schärfen und zu klären, valide und zuverlässige Messin-

strumente zu entwickeln sowie persönliche und kontextuelle Korrelate
von Mut zu identifizieren.

Literatur

Baumert, A., Halmburger, A., & Schmitt, M. (2013). Interventions
against norm violations: Dispositional determinants of self-re-
ported and real moral courage. *Personality and Social Psychology Bulletin, 39*, 1053–1068.

Becker, S. W., & Eagly, A. H. (2004). The heroism of women and men.
American Psychologist, 59, 163–178.

Berman, F., & Lundquist, J. (2022). Why are so many big tech whistle-
blowers women? Here is what the research shows. *The Conversa-
tion.* https://theconversation.com/why-are-so-many-big-tech-whis
tleblowers-women-here-is-what-the-research-shows-184033.

Cheng, C., & Huang, X. (2017). An exploration of courage in Chinese in-
dividuals. *Journal of Positive Psychology, 12*, 141–150.

Coker, A. L., et al. (2016). Multi-college bystander intervention evaluation for violence prevention. *American Journal of Preventive Medicine,
50*, 295–302.

Detert, J. R., & Bruno, E. A. (2017). Workplace courage: Review, synthesis,
and future agenda for a complex construct. *Academy of Management
Annals, 11*, 593–639.

Dungan, J. A., Young, L., & Waytz, A. (2019). The power of moral concerns
in predicting whistleblowing decisions. *Journal of Experimental Social
Psychology, 85*, 103848.

Gilligan, C. (1982). *In a different voice: Psychological theory and women's development.* Cambridge, MA: Harvard University Press.

Glick, P., et al. (2004). Bad but bold: Ambivalent attitudes toward men
predict gender inequality in 16 nations. *Journal of Personality and Social
Psychology, 86*, 713–728.

Goodwin, R., Graham, J., & Diekmann, K. A. (2020). Good intentions
aren't good enough: Moral courage in opposing sexual harassment.
Journal of Experimental Social Psychology, 86, 103894.

Hannah, S. T., Sweeney, P. J., & Lester, P. B. (2007). Toward a courageous
mindset: The subjective act and experience of courage. *Journal of Positive Psychology, 2*, 129–135.

Howard, M. C., & Alipour, K. K. (2014). Does the Courage Measure really measure courage? A theoretical and empirical evaluation. *Journal of Positive Psychology, 9*, 449–459.

Kelley, C. L., et al. (2019). Conceptualizing courage. In M. W. Gallagher & S. J. Lopez (Eds.), *Positive Psychological Assessment: A Handbook of Models and Measures (2nd ed)* (pp. 157–176). Washington, DC: American Psychological Association.

Lopez, S. J., Rasmussen, H. N., Skorupski, W. P., Koetting, K., Petersen, S. E., & Yang, Y-T. (2010). Folk conceptualizations of courage. In C. L. S. Pury & S. J. Lopez (Eds.), *The Psychology of Courage: Modern Research on an Ancient Virtue* (pp. 23–46). Washington, D.C.: American Psychological Association.

Mesmer-Magnus, J. R., & Viswesvaran, C. (2005). Whistleblowing in organizations: An examination of correlates of whistleblowing intentions, actions, and retaliation. *Journal of Business Ethics, 62*, 277–297.

Milgram, S. (1974). *Obedience to authority*. New York, NY: Harper & Row.

Norton, P. J., & Weiss, B. J. (2009). The role of courage on behavioral approach in a fear-eliciting situation: A proof-of-concept pilot study. *Journal of Anxiety Disorders, 23*, 212–217.

Osswald, S., Greitemeyer, T., Fischer, P., & Frey, D. (2010). What is moral courage? Definition, explication, and classification of a complex construct. In C. L. S. Pury & S. J. Lopez (Eds.), *The Psychology of Courage: Modern Research on an Ancient Virtue* (pp. 149–164). Washington, D.C.: American Psychological Association.

Peterson, C., & Seligman, M. E. P. (2004). *Character strengths and virtues: A handbook and classification*. Washington, D.C.: American Psychological Association.

Pury, C. L. S., Brawley Newlin, A. M., Burnett, E. A., & Lopez, S. J. (2016). Courage. In C. R. Snyder (Ed.), *The Oxford Handbook of Positive Psychology (3rd ed.; pp. 493–504)*. Oxford University Press.

Pury, C. L. S., Starkey, C. B., Kulik, R. E., Skjerning, K. L., & Sullivan, E. A. (2015). Is courage always a virtue? Suicide, killing, and bad courage. *Journal of Positive Psychology, 10*, 383–388.

Putman, D. (2010) Philosophical roots of the concept of courage. In C. L. S. Pury & S. J. Lopez (Eds.), *The Psychology of Courage: Modern Research on an Ancient Virtue* (pp. 9–22). Washington, D.C.: American Psychological Association.

Rachman, S. J. (2010). Courage: A psychological perspective. In C. L. S. Pury & S. J. Lopez (Eds.), *The Psychology of Courage: Modern Research on an Ancient Virtue* (pp. 91–108). Washington, D.C.: American Psychological Association.

Rankin, L. E., & Eagly, A. H. (2008). Is his heroism hailed and hers hidden? Women, men, and the social construction of heroism. *Psychology of Women Quarterly, 32*, 414–422.

Rate, C. R. (2010). Defining the features of courage: A search for meaning. In C. L. S. Pury & S. J. Lopez (Eds.), *The Psychology of Courage: Modern Research on an Ancient Virtue* (pp. 47–66). Washington, D.C.: American Psychological Association.

Rate, C. R., Clarke, J. A., Lindsay, D. R., & Sternberg, R. J. (2007). Implicit theories of courage. *Journal of Positive Psychology, 2*, 80–98.

Sasse, J., Li, M., & Baumert, A. (2022). How prosocial is moral courage? *Current Opinion in Psychology, 44*, 146–150.

Simola, S. (2015). Understanding moral courage through a feminist and developmental ethic of care. *Journal of Business Ethics, 130*, 29–44.

Steinman, J. L. (2006). Gender disparity in organ donation. *Gender Medicine, 3*, 246–252.

Sekerka, L. E., Bagozzi, R. P., & Charnigo, R. (2009). Facing ethical challenges in the workplace: Conceptualizing and measuring professional moral courage. *Journal of Business Ethics, 89*, 565–579.

Tkachenko, O., Quast, L. N., Song, W., & Jang, S. (2018). Courage in the workplace: The effects of organizational level and gender on the relationship between behavioral courage and job performance. *Journal of Management & Organization, 26*, 899–915.

Woodard, C. R. (2010). The courage to be authentic: Empirical and existential perspectives. In C. L. S. Pury & S. J. Lopez (Eds.), *The Psychology of Courage: Modern Research on an Ancient Virtue* (pp. 109–124). Washington, D.C.: American Psychological Association.

Woodard, C., & Pury, C. (2007). The construct of courage: Categorization and measurement. *Consulting Psychology Journal: Practice and Research, 59*, 135–147.

Wie kann die Wissenschaft mutige Entscheidungen unterstützen?

Klaus Püttmann

Es frustriert viele Bürger*innen und Wissenschaftler*innen gleichermaßen, wenn Politiker*innen nicht den Mut haben, ihre Entscheidungen auf solide wissenschaftliche Erkenntnisse und Beweise zu stützen, weil diese Entscheidungen in großen Teilen der Gesellschaft unpopulär sein könnten. Unter den zahlreichen Faktoren, die den Prozess der Entwicklung und Umsetzung politischer Entscheidungen beeinflussen, wird sich dieser Beitrag auf solche Themen konzentrieren, die von der Wissenschaft direkt beeinflusst werden können. Trotz der notwendigen Kürze und Vereinfachung vermag der Beitrag hoffentlich eine Grundlage für Diskussionen darüber bieten, wie die Wissenschaft die Entwicklung und den angemessenen Einsatz von relevanten wissenschaftlichen Informationen zur besseren Unterstützung politischer Entscheidungen fördern kann. Mein Hauptargument basiert auf der Annahme, dass die Wissenschaft durch bessere Evidenzen und eine bessere Kommunikation dieser Evidenzen dazu beitragen kann, die Entscheidungsaufgaben von und für Politiker*innen zu ›vereinfachen‹. In der Folge können Politiker*innen diese Informationen besser bewerten und filtern, die Relevanz und das Vertrauen in verschiedene Informationen besser einschätzen, ein besseres Verständnis dafür entwickeln, wie Informationen mit bereits bestehenden menschlichen Werten zusammenhängen und dadurch nicht zuletzt, wie verschiedene soziale Gruppen (mit unterschiedlichen Wertesystemen) vom jeweiligen politischen Entscheidungsprozess betroffen sind und in diesen einbezogen werden können. Mit besserer Evidenz und Kommunikation sollte es Politiker*innen leichter fallen, mutig zu sein, d.h. auch unpopuläre, aber wissenschaftlich begründete Entscheidungen zu treffen; andererseits würde dadurch das öffentliche Verständnis verbessert und damit die öffentliche Unterstützung für zuvor als unpopulär angesehene Entscheidungen vergrößert.

Die Herausforderung, politisch mutige Entscheidungen wissenschaftlich zu untermauern, liegt zum Teil in der historischen Entwicklung der Wissenschaft begründet. So spiegelte die Gründung der ersten Universitäten in Europa durch eine königliche ›Charta‹ die Einsicht wider, dass die Wissenschaft unabhängig von lokalen Zwängen und Einflüssen (der Politik) sein muss. Diese Unabhängigkeit ermöglichte es der Wissenschaft als Disziplin, ihre eigenen Verfahren zu entwickeln, von denen die meisten auf das Streben nach Wissen ausgerichtet sind. Im Folgenden werden drei Beispiele erörtert, wie dies zu Herausforderungen bei der Unterstützung der politischen Entscheidungsfindung geführt hat, sowie Vorschläge zur Überwindung dieser Herausforderungen.

Das erste Problem sind die Verwaltungsstrukturen und -verfahren, die den wissenschaftlichen Einrichtungen, insbesondere den Universitäten und Forschungszentren, zugrundeliegen. Deren derzeitige Anreizsysteme motivieren Wissenschaftler*innen nicht dazu, sich an der politischen Entscheidungsfindung zu beteiligen. In den meisten wissenschaftlichen Organisationen gibt es wenig oder gar keine formale Anerkennung solcher Bemühungen, z.B. bei Einstellungs- und Beförderungsentscheidungen. So bleibt es dem persönlichen Interesse der einzelnen Wissenschaftler*innen überlassen, ob und wie viel Zeit sie für die Unterstützung mutiger politischer Entscheidungen aufwenden. Offensichtlich wird von Wissenschaftler*innen erwartet, dass sie altruistisch sind und die damit verbundenen negativen Auswirkungen auf ihre Karriere akzeptieren. Selbst wenn Wissenschaftler*innen es sich leisten können, einen Teil ihrer Zeit für die Beratung bei politischen Entscheidungen zu verwenden, sind viele Projektziele sowie die Präsentation und Interpretation der Projektergebnisse primär darauf ausgerichtet, andere Wissenschaftler*innen zu informieren. Um Informationen für politische Entscheidungen direkt relevant und nutzbar zu machen, sind oft zusätzliche Analysen und/oder eine andere Darstellung der Ergebnisse erforderlich. Die derzeit typischen Förderrichtlinien halten Wissenschaftler*innen oft davon ab, finanzielle Unterstützung für solche Bemühungen in die Forschungsanträge aufzunehmen.

Die wissenschaftliche Gemeinschaft könnte mutige politische Entscheidungen, die sich wissenschaftliche Erkenntnisse zunutze machen, besser unterstützen, wenn die Entscheidung, sich dieser Aufgabe zu widmen, ein fester Bestandteil des wissenschaftlichen Betriebs wäre und die Arbeitgeber*innen solche Beiträge formell anerkennen würden. So könnte beispielsweise die politische Beratung in Stellenbeschreibungen aufgenommen werden und so bei Einstellungs- und Beförderungsentscheidungen honoriert werden. Gleichzeitig muss die Bereitstellung von Informationen für Politiker*innen (und die Öffentlichkeit) als Standardbestandteil in die Aufforderungen zur Einreichung von Forschungsprojekten durch die Bewilligungsbehörden und Förderorganisationen aufgenommen werden.

Alternativ könnten die Forschungseinrichtungen einen ›Outreach-Arm‹ einrichten, der speziell darauf ausgerichtet ist, politische Entscheidungen zu unterstützen. Dies könnte nach dem Vorbild des ›Extension Service‹ in den USA geschehen, wo viele staatliche Universitäten über Lehrkräfte verfügen, die z.b. an agrar- oder fortwissenschaftlichen Fakultäten wissenschaftliche Erkenntnisse z.b. für Landwirt*innen oder Waldbesitzer*innen ›übersetzen‹.

Das zweite Problem, das mit der Wirksamkeit bei der Unterstützung mutiger politischer Entscheidungen zusammenhängt, ist die Rigorosität der wissenschaftlichen Methoden, insbesondere der Begriff der Objektivität. Die allgemeinen wissenschaftlichen Methoden beruhen auch heute noch auf der Annahme, dass wissenschaftliche Erkenntnisse umso näher an der Wahrheit sind, je objektiver sie sind. Dabei haben Wissenschaftler*innen schon seit geraumer Zeit erkannt, dass persönliche Werte und wissenschaftliche Paradigmen einen Einfluss auf die Forschung haben (siehe z.b. The Stucture of Scientific Revolutions von Thomas Kuhn, 1962[1]). Selbst wenn Wissenschaftler*innen objektiv wären, erhalten die meisten Politiker*innen ihre Informationen von Personen (z.B. Mitarbeiter*innen, Journalist*innen, Influencer*innen) mit ihren eigenen Wertesystemen. Diese Wertesysteme wiederum beruhen oft auf persönlichen Erfahrungen, Religion und anderen Faktoren, wie z.B. den Einschätzungen der Politiker*innen hinsichtlich dessen, was die Unterstützung ihrer Wähler*innen findet. Indem sie versuchen, objektiv zu sein, bieten Wissenschaftler*innen also Gelegenheiten für Menschen, die sich nicht unbedingt scheuen, ihre Werte

---

1   Kuhn, T. S. (2012). *The structure of scientific revolutions*. University of Chicago Press.

in die ›Übersetzung‹ wissenschaftlicher Ergebnisse für den politischen Entscheidungsprozess einzubringen.

Seit einigen Jahrzehnten wird dieses Thema auch im Zusammenhang mit der ›postnormalen Wissenschaft‹ diskutiert. Die postnormale Wissenschaft ermutigt Wissenschaftler*innen dazu, die Notwendigkeit anzuerkennen, persönliche Werte in den wissenschaftlichen Betrieb und die wissenschaftlichen Verfahren einzubeziehen. Dies setzt voraus, dass die Wissenschaftler*innen ihren Elfenbeinturm verlassen und Menschen mit einer Vielzahl von Wertesystemen sowohl in die Entwicklung von Forschungsfragen und -methoden als auch in die Kommunikation der Forschungsergebnisse miteinbeziehen, auch solche Menschen, die offenkundig nicht objektiv sein wollen. Dies würde den Wissenschaftler*innen dabei helfen, die Diskussion darüber mitzugestalten, wie die Forschungsergebnisse für Menschen mit unterschiedlichen Wertesystemen relevant gemacht werden können und damit die Akzeptanz der Forschungsresultate in der Öffentlichkeit erhöht wird. So findet beispielsweise das traditionelle ökologische Wissen (TÖW[2]) der indigenen Bevölkerung in Nordamerika in der Diskussion um die Bewirtschaftung natürlicher Ressourcen immer mehr Beachtung in wissenschaftlichen Untersuchungen. Die Hoffnung, solche traditionellen Werte in die Forschungsaktivitäten zu integrieren, besteht auch darin, dass alle Informationen aus solchen Studien Ergebnisse liefern, die von einem breiteren Teil der lokalen Bevölkerung respektiert und geschätzt werden. In diesem Fall ist die Erwartung, dass durch die Einbeziehung von TÖW-Werten in aktuellen Studien die Ergebnisse sowohl für indigene als auch für ›westliche‹ Waldbewirtschaftungsmaßnahmen unmittelbar relevant werden.

Ein drittes Thema sind die derzeitigen Anreiz- und Bewertungsverfahren zur Beurteilung einzelner Forschungsprojektanträge oder von Karriereleistungen. Diese sind in der Regel nicht darauf ausgerichtet mutiges, d.h. riskantes, Verhalten von Wissenschaftler*innen zu fördern. Zum Beispiel ist bei der Prüfung von Forschungsanträgen in den meisten Fällen die Erfolgswahrscheinlichkeit (in der Regel definiert als die Wahrscheinlichkeit, dass die Ergebnisse veröffentlicht werden können) ein Schlüsselkriterium für die Entscheidung über die Förderung. Daher enthalten Forschungsanträge oft Fragestellungen und Ansätze,

---

2   Das in der internationalen Forschung etablierte Akronym ist TEK für *traditional ecological knowledge*.

die nicht unbedingt riskant sind. Dies bedeutet, dass es Mut erfordert, Themen und Experimente in Angriff zu nehmen, wenn deren wissenschaftliche Ergebnisse der Karriere einer Wissenschaftlerin oder eines Wissenschaftlers nicht zuträglich sein oder ihr sogar schaden könnten. Die vermehrte Förderung von dezidiert risikobehafteter Forschung mit offenem Ausgang (sog. *high risk* oder *blue sky*-Forschung) ist deshalb ein Fortschritt. Traditionell war die langfristige interne oder institutionelle Finanzierung eine verlässliche, stabile Quelle, durch welche mutige, risikobehaftete Forschungsprojekte unterstützt werden konnten. Aber nur wenige Universitäten haben immer noch die Ressourcen interne Mittel für solche Bemühungen bereitstellen, wie z.b. die Pariser Sorbonne. Auch haben in den letzten Jahrzehnten staatliche Förderorganisationen, Stiftungen und Förderorganisationen mehr riskante Projekte finanziert. Die Reinhart-Koselleck-Projekte der Deutschen Forschungsgemeinschaft (DFG) beispielsweise unterstützen »risikoreichere Projekte, die nicht im Rahmen anderer DFG-Programme oder der eigenen Einrichtung des Antragstellers finanziert werden können«. Zwei weitere Beispiele für entsprechende Bemühungen sind die Initiative der Volkswagen Stiftung »Experiment! – Auf der Suche nach gewagten Forschungsideen« und das Howard Hughes Medical Institute (HHMI) in den USA. Die Volkswagen Stiftung konzentriert sich auf die direkte Förderung von risikoreichen Studien, während das HHMI »Menschen, nicht Projekte« unterstützt, d.h. Wissenschaftlern*innen, die risikoreiche Forschung betreiben, durch Gehaltszahlungen unterstützt. Ein weiterer Ansatz ist die Vergabe von Forschungsgeldern für wissenschaftliche Preise, die speziell den Erfolg riskanter Projekte honorieren.

Eine kürzlich durchgeführte globale Überprüfung der Bemühungen zur Förderung mutiger, risikoreicher Wissenschaft[3] ergab, dass keine ausreichenden Daten vorliegen, um den Erfolg solcher Programme zu bewerten. Nichtsdestotrotz enthält der Bericht mehrere Vorschläge. Förderorganisationen und Stiftungen sollten erstens verschiedene Ansätze zur Förderung risikoreicher Forschung unterstützen, einschließlich Programmen, bei denen risikoreiche Forschung das Hauptziel, ein Nebenziel oder eines von mehreren Zielen ist. Zweitens sollten sie den

---

3   OECD (2021). Effective policies to foster high-risk/high-reward research. OECD Science, Technology and Industry Policy Papers, No. 112, OECD Publishing, Paris, https://doi.org/10.1787/06913b3b-en.

Gutachter*innen spezifische Anweisungen zur Bewertung risikoreicher Forschung sowie zur Beachtung eines ausgewogenen Verhältnisses zwischen dem Projektdesign- und -potenzial einerseits und den »Forschungserfolgen« der Antragsteller*innen andererseits geben. Und drittens sollten sie längere Laufzeiten der Förderungen finanzieren.

Gleichzeitig weist der Bericht darauf hin, dass Änderungen des Finanzierungsmodells allein nicht ausreichen und auch die institutionellen Strategien und Praktiken geändert werden müssen (siehe z.b. die Diskussion über Einstellungs- und Beförderungskriterien weiter oben). Schließlich unterstreicht der Bericht die Notwendigkeit, koordinierte, messbare Kriterien zu entwickeln, um den Erfolg der Bemühungen um eine effizientere Forschungsförderung für mutige, risikoreiche Wissenschaft in der Zukunft zu bewerten. Die Umsetzung dieser Vorschläge wird die Voraussetzungen dafür schaffen, dass mutige, risikoreiche Studien in Zukunft ein größerer Teil des wissenschaftlichen Mainstreams werden.

Zusammenfassend lässt sich sagen, dass eine veränderte Zielsetzung der Wissenschaft, die mehr Betonung auf die Unterstützung von politischen Entscheidungen legt, zu damit verbundenen Änderungen wissenschaftlicher Organisationen und Arbeitsweisen führen kann. Durch diese Änderungen kann der Einfluss auf politische Entscheidungen erheblich verbessert werden, so dass es nicht mehr eines ausgeprägten Mutes bedarf, Entscheidungen auf solide wissenschaftliche Erkenntnisse zu stützen, auch wenn diese in der breiten Öffentlichkeit nicht populär sind. Auch werden solche Änderungen nicht nur den Arbeits- und Wirkungsbereich von Wissenschaftler*innen erweitern, sondern können auch mehr Menschen dazu ermutigen, eine wissenschaftliche Laufbahn einzuschlagen.

Karl Popper und der Mut im Anthropozän[1]

Klaus Töpfer

Herzlich danke ich Ihnen für diese Einladung und für die so umfassende Vorstellung!

Für meine Entscheidung, diese Vortragsverpflichtung zu übernehmen, bedurfte es eine gehörige Portion »Mut« aufzubringen – und die Unkenntnis über die Folgewirkungen etwas zu begrenzen. Als einer in der Politik vor 20 Jahren zu einiger öffentlicher Beachtung gekommener Mensch wollte ich nicht als Filter meiner Überlegungen die Erwartungen an positive oder negative Folgen für die aktuelle Politik meiner Partei gelten lassen.

Für eine demokratische, freiheitliche, parlamentarische Gesellschaft ist es aber überlebensnotwendig, dass viele Bürgerinnen und Bürger diesen Mut zur parteipolitischen Aktivität aufbringen, dass sie den Respekt vor anderen in anderen Parteien auch mit der Suche nach Übereinstimmung bei unterschiedlichen Meinungen stärken, dass sie Mut zur Toleranz aufbringen!

Was halte ich von »Mut«?

Als ich diese Einladung erhielt, habe ich für mich direkt beschlossen: »Diese Rede zur Eröffnung eines universitären, also wissenschaftlichen Symposiums zu »Mut« machst du besser nicht.« Mein Verhältnis zu »Mut« ist gänzlich zwiespältig. Als Wehrpflichtiger bei der Bundes-

---

1   Weitgehend unveränderte Fassung des Eröffnungsvortrags des Symposiums »Mehr Mut! Wie treffen wir mutige Entscheidungen und warum ist das so schwer?«, veranstaltet vom Freiburg Institute for Advanced Studies (FRIAS) der Universität Freiburg am 23. und 24. Juni 2022.

wehr habe ich als Panzerkommandant den bemerkenswerten Satz kennengelernt: »Der Mut des Unteroffiziers ist die Unkenntnis der Gefahr.« An diesen Satz habe ich mich bei meiner Entscheidung und bei der Vorbereitung dieser Rede immer und immer wieder erinnert. Besteht da wirklich eine Art negative Korrelation zwischen Mut und Verstand, um Wissen?

Noch dazu Mut in dieser Zeit geopolitischer Umbrüche und Unsicherheiten bei gleichzeitiger Hochrüstung bis hin zu einem atomaren Potential? Immer wieder habe ich nach dem Wachwerden und vor den ersten Morgennachrichten gehofft, dass hoffentlich in dieser letzten Nacht niemand »mutig« gewesen ist, wenn ich daran denke, was in der Ukraine gerade geschieht und dass die Kriegspartei, die diesen grausamen Krieg angezettelt hat und mit Brutalität betreibt, über ein sehr umfangreiches atomares Waffenpotential mit entsprechenden Trägerraketen verfügt – und diese Kriegspartei noch einen ständigen Sitz mit Vetorecht im Sicherheitsrat der Vereinten Nationen hat.

Mehr Mut? Ist die mutige Entscheidung die richtige oder ist sie nicht die rücksichtslose, wohl auch einigermaßen egoistische Entscheidung, deren negative Konsequenzen verharmlost werden, jedenfalls nicht den entscheidenden treffen. Diese Rückfrage an mich selbst begründet es, dass ich es nicht so mit »Mut« habe.

Mut oder »Sapere aude«!

Über seine Schrift »Was ist Aufklärung« (1784) hat Kant »Sapere aude«, das Leitmotiv für die Aufklärung gesetzt. Der Philosophenkönig Kant, der sein Leben lang in Königsberg lebte, der Stadt an der Ostsee, die heute den russischen Namen Kaliningrad trägt, die damit die Bedrohung durch Waffen, durch die Verhinderung von Getreideexporten, durch Beeinflussung von Flüchtlingsströmen als Waffen einsetzt, die Destabilisierung in einer Welt mit nunmehr acht Milliarden Menschen hineinträgt.

»Sapere aude!« Wage es, deinen eigenen Verstand zu nutzen. Dieser Ermahnung, die 20 v. Chr. auf die Weisheit des Horaz zurückgeführt werden kann. Es hätte für mich nahegelegen, wenn die alt ehrwürdige Universität Freiburg im Breisgau ein Symposium zu »Sapere aude« veranstaltet. In dieser Zeit der Zeitenwenden bedarf es mehr denn je des Nachdenkens. Mehr Mut in der Zeit der Interkontinentalraketen? Mit oder ohne Atomsprengkopf? Mehr Mut in einer Zeit, in der die sozialen Unterschiede in den Gesellschaften, vor allem aber auch im globalen Maßstab immer tiefere Unterschiede aufweisen? Im Leben nebeneinander eines Wohlstandsniveaus, das so krasse Unterschiede aufweist, wie wir sie kaum realisieren können und die wir uns in keiner Weise wegargumentieren dadurch, dass wir darauf hinweisen:»Wir machen doch alles besser.«»Mehr Mut« in der Zeit der Flüchtlingsströme – wichtig dagegen: Sapere aude! Nicht Rückführungseffizienzen und mobile und stationäre Kontrollpunkte an den Außengrenzen können diese Unterschiede ursächlich bekämpfen, wohl aber: Die Ausbildung junger Menschen aus diesen durch junge Bevölkerung und große Armut gekennzeichneten »Entwicklungsländern«. Eine duale Ausbildung vor Ort, ein entsprechender Jugendaustausch und Studienstipendien für junge Menschen aus diesen Regionen könnten Grundlage für die schrittweise Abschwächung und Beseitigung dieser dramatischen sozialen Unterschiede werden – zum Vorteil beider Seiten.

»Sapere aude« – Nutze deinen Verstand, steigere dein Wissen über die Konsequenzen dieser Entscheidung. Die Notwendigkeit für »mehr Mut« sinkt offenbar. Immer weniger können die Folgen »mutiger Entscheidungen« Ausgangspunkte neuer, umfassenderer Probleme werden. Der eigene Handlungsspielraum wird dadurch begrenzt. Die Freiheit für Entscheidungen reduziert sich, Pfadabhängigkeiten werden begründet.

Die Wahrscheinlichkeit ist sehr groß, auch und gerade im politischen Leben, dass du dafür abgestraft wirst, etwas falsch gemacht zu haben, aber bereit bist, diese Fehleinschätzung transparent zu machen, zu ihr zu stehen und eine ursächliche Korrektur deiner fehlerhaften Entscheidung vornimmst. Dieses Fehlereingestehen führt jedoch dazu, nicht mehr ernst genommen zu werden.

Mehr Mut in dieser Zeit der Zeitenwende – eigentlich ist es die Zeit der Zeitenwenden, denn was wendet sich im Augenblick eigentlich nicht?

Der Bundeskanzler hat in seiner Zeitenwenderede vor dem Deutschen Bundestag – für meine Begriffe höchst unglücklich – diese auf 100 Mrd. Euro Sondervermögen für die Bundeswehr reduziert. Mit allen haushalterischen Tricks wird darum gestritten, diese »Sondervermögen« nicht im Rahmen der Schuldenbremse als Schulden zu benennen. Der Bezug auf »einen Doppelwumms« kann bestenfalls noch unter »Mut« verbucht werden. Keineswegs jedoch unter »Sapere aude«.

Gegenwärtig leben wir in einer einmaligen Situation. Es ist nicht nur eine Krise zu bewältigen – zwei standen lange Zeit deutlich im Vordergrund und stehen es noch immer: Die Klimakrise einerseits und die Corona-Pandemie andererseits. Hinzu kommt aktuell mit Brutalität die Krise des Friedens. Nicht nur in der Ukraine im Krieg mit Russland, sondern auch im osteuropäischen Bereich, Bergkarabach sei ebenso genannt wie der Kosovo. Hinzu kommt eine sich nach wie vor verstärkende ökonomische Krise. Die Inflationsrate hat sich bereits längere Zeit auf einem hohen Niveau stabilisiert – mit allen damit verbundenen sozialen Konsequenzen. Die Kosten der Inflation treffen wieder einmal besonders die sozial Schwachen. Der Vater der sozialen Marktwirtschaft hat einmal festgestellt:»Nur der Staat ist Verdiener an der Inflation«. Die Inflation wird geradezu gebraucht, weil nur so die Unwucht staatlicher Verschuldungen über einen Währungsschnitt in den Griff zu bekommen ist. Ist das mutig? Die negativen Konsequenzen dieses Mutes trägt, wie gesagt, der »kleine Bürger«. Die sozialen Spannungen werden als Konsequenz dieses »Mutes« weiter steigen. Politik über Preise anzustreben, muss stets diese sozialen Konsequenzen bedenken:»Sapere aude!« Erst nachdenken, dann entscheiden, wenn erforderlich, dann mit klugem Mut. Immer wieder vermisse ich diese Reihenfolge – etwa nach einer verlorenen Wahl. Dann stellt man sich den Fragen mit der Antwort:»Ich übernehme die Verantwortung und trete hiermit zurück.« Hätte dieser Kandidat doch vor der Wahl dem klugen Hinweis des Baltasar Graciáns in seinem »Handorakel« Folge geleistet:»Es ist das Zeichen der Weisen, dass sie die Dinge verlassen, bevor die Dinge sie verlassen.«

Wissenschaft ist immer wieder aufgerufen, den Bedarf an »Mut« zu verringern und vor allem dazu beizutragen, dass nicht aus der Korrektur falscher Entscheidungen Pfadabhängigkeiten entstehen, die Freiheitsspielräume mehr und mehr einengen.

Die wissenschaftliche Vielfältigkeit, etwa bei Diagnose und Therapie der Corona-Pandemie, belegt, wie wichtig diese Offenheit für Entscheidungen bleibt. Meine Skepsis gegenüber »Mut« wird dadurch immer und immer wieder verstärkt.

Der kritische Rationalismus - Karl Popper

An meine Studienzeit denke ich zurück: Bei Hans Karl Schneider habe ich in Münster mein volkswirtschaftliches Examen gemacht, war danach bei ihm Assistent, habe promoviert bei ihm.

Hans Karl Schneider kam aus der Kölner Ökonomenschule, einer seiner wissenschaftlichen Kollegen und sein Freund war Hans Albert, der bekannteste deutsche Vertreter des kritischen Rationalismus Karl Poppers. Dieser kritische Rationalismus basiert auf der Tatsache, dass menschliches Entscheiden immer eine Entscheidung bei unvollkommenen Informationen ist. Sie kennen das Informationsparadoxon: Wenn der Verbrecher und der Detektiv beide vollkommene Informationen haben, was ist die Konsequenz? Beide bleiben stehen, wissend, was der andere auf jeden möglichen Entscheidungszug des anderen tut. Die Konsequenz: Menschliches Zusammenleben ist eigentlich nur dadurch möglich, dass wir nicht vollständige Informationen haben, mit der Folge, dass wir nie Fehler aus unseren Entscheidungen ausschließen können.

Hubert Markl, langjähriger höchst verdienstvoller Präsident der Deutschen Forschungsgemeinschaft, der leider auch nicht mehr unter uns ist, hat sich eine wichtige Frage selbst gestellt und in seinen Büchern erläutert: Gibt es Grenzen der Wissenschaft? Anders formuliert: Haben wir einmal in der Zukunft alles ausgeforscht? Markl kommt zu dem Ergebnis: Grenzen der Wissenschaft wird es nie geben. Immer werden durch die Beantwortung von Fragen neue Fragenräume eröffnet. Wenn das aber so ist, kann niemand ausschließen, dass kommende Generationen anderes über das erforschen, was das jetzt als Entscheidungsgrundlage genutzte Wissen in unterschiedlichem Ausmaße ändert. Karl Poppers kritischer Rationalismus basiert auf diesem Hinweis, dass der Mensch nie alles »ausgeforscht« haben wird.

Welche Konsequenzen hat das wiederum für den Entscheidungsprozess, wenn zu akzeptieren ist, dass menschliches Wissen immer unvollständig ist? Ein aktuelleres konkretes Beispiel: Als ich mit Prof. Matthias Kleiner, dem damaligen Vorsitzenden der Leibniz-Gemeinschaft, von der Bundesregierung zur Leitung der von ihr eingesetzten Ethikkommission ernannt wurde, konnte diese 14-köpfige Kommission einen Schlussbericht einstimmig verabschieden. Darin wird empfohlen, die Kernkraftwerke in Deutschland bis Ende 2022 abzuschalten. Bis auf drei Kraftwerke ist dies auch geschehen und dann kam mit voller

Wucht der Ukraine-Krieg, kamen die Lieferstopps für fossile Energien, Erdgas und Erdöl, kam die Sorge um die Energieversorgung im Winter. Die Energiekosten stiegen drastisch an mit weitreichenden Konsequenzen in der vergleichsweise energieintensiven Industrie Deutschlands und bei den Bürgerinnen und Bürgern, die eine auf fossile Energien ausgerichtete Heizung in ihren Häusern haben. Kein Wunder, dass damit die Überlegungen viel Unterstützung bekamen, diese drei noch laufenden Kernkraftwerke länger laufen zu lassen und nicht mit der Reaktivierung der beiden dreckigsten Braunkohlewerke einerseits und deutlich teurerem Fracking-Erdgas andererseits den Ausfall von russischen Gaslieferungen zu kompensieren – mit entsprechend negativen Wirkungen für die Umsetzung der deutschen Klimaziele. Gegen die weitere Nutzung der drei Kernkraftwerke wurde vornehmlich das Argument vertreten, die Entsorgung der Abfälle sei in keiner Weise geregelt. Die drei Kernkraftwerke wurden abgeschaltet.

Die Frage der Entsorgung vornehmlich der hochradioaktiven Abfallstoffe: Diese Aufgabe wird bereits seit langer Zeit gestellt, es wird nach einem geeigneten Standort gesucht. Jeder noch so vage Vorschlag, der dafür gemacht wird, stößt auf die erbitterte Gegenreaktion der örtlichen regionalen Bevölkerung. In keiner Weise wird eine Überlegung aufgegriffen, die im Schlussbericht der Ethikkommission angeführt wird. Danach soll die Endlagerung in speziellen Anlagen so ermöglicht werden, dass Fehlerhaftigkeit unseres aktuellen Denkens durch die Reparaturmöglichkeit aufgefangen werden kann, statt nach einem Ort zu suchen, in dem die Endlagerung für Millionen von Jahren gewährleistet werden soll. Es stellt sich somit die Frage nach der Vorteilhaftigkeit einer Lösung, wo diese Abfälle auf die Dauer sicher, aber rückholbar gelagert werden, sodass Fehler korrigiert und bessere Lösungen realisiert werden können. Über die damit verbundenen Reaktionsmöglichkeiten können die Bürgerinnen und Bürger in der Region immer wieder erneut in den Nachweis der sicheren Lagerung eingebunden werden.

Eine Entscheidungsstruktur, die sicherlich dem kritischen Rationalismus folgt. Die »mutige« Entscheidung wird dem Lackmustest »Sapere aude« unterzogen! Es geht um rationales Handeln, nicht etwa darum, dass als Konsequenz des kritischen Rationalismus das Handeln immer wieder verschoben wird, da in Zukunft immer neue Informationen beachtet werden müssten. Eher ist das Gegenteil der Fall. Die Erfahrungen, die mit einem Endlager in Brokdorf gemacht wurden, sind ein Beleg dafür, dass die mutige Entscheidung keineswegs eine schnelle Entscheidung bedeutet. »Piecemeal engineering« ist eine Antwort auf die Offenheit der Wissenschaft. In der heißen wissenschaftlichen Diskussion über die Offenheit der Wissenschaft ist gefolgert worden: Ignoramus, ignorabimus. Immer wieder stoßen wir auf diese Erkenntnis und erfahren, dass ihre Nichtbeachtung katastrophale Folgen haben kann. Die hoch technische Wirtschaft und Gesellschaft in Japan hat diese Lektion in Fukushima erneut gelernt.

Die zentrale Forderung Karl Poppers findet sich im Anthropozän in besonderer Weise bestätigt. Es muss alles darangesetzt werden, das gegenwärtige Wissen dem bestmöglichen Lackmustest der Falsifizierung immer und immer wieder zu unterziehen. Es muss alles daran gesetzt werden, dass wir das, was wir aktuell als gesichertes Wissen ansehen, permanent widerlegen und nicht bestätigen wollen. Das eine ist Ideologie, das andere ist Wissenschaft. Das Streben nach Widerlegung schafft Raum für »Sapere aude«. Die Suche nach Bestätigung zwingt zu »mehr Mut«.

Von Hans Albert stammt der bemerkenswerte Satz: »Wir irren uns nach oben.« Ein emotionsfreier, wissenschaftlicher Rückblick auf die Entwicklung von Wissenschaft und Technik belegt diese Feststellung von Hans Albert. Mehr noch: Die Intensität wissenschaftlicher Forschung und der Eröffnung damit verbundener technologischer Möglichkeiten hat zu einer Akzeleration des Wandels geführt.

Vom Holozän zum Anthropozän

Das Anthropozän! Diese Zeitenwende vom Naturzeitalter, vom Holozän, zum Menschenzeitalter, dem Anthropozän – sie verbindet sich für mich ganz unmittelbar mit dem von mir hochverehrten alten Freund Paul Crutzen, Nobelpreisträger für Chemie, langjähriger Direktor des Max-Planck-Instituts für Chemie an der Universität Mainz. Sein weltweit intensiv beachteter und diskutierter Text hieß »The Geology of Mankind«. Es war nur ein kurzer Artikel in *Nature* im Jahr 2002; nur 650 Worte benötigte Paul Crutzen für die Hinführung zu dieser Zeitenwende. Ein kleiner Ratschlag: Die Kürze des Artikels sollte einen jeden motivieren, diesen Artikel zwei Mal zu lesen – danach liest man ihn immer wieder, nicht der Kürze wegen, sondern der Bedeutung seiner Ausführungen wegen. Seine darin ausgeführten Überlegungen: Der Mensch ist zwischenzeitlich immer tiefer in die Bausteine von Natur und Leben eingedrungen, hat die Konstruktionsmuster entschlüsselt, sodass künstliche Intelligenz nicht nur denkbar gemacht werden konnte, sondern diese bereits praktisch realisiert wurde. Der Mensch ist somit zu einer geologischen Kraft geworden. Bryan Walsh hat bereits nahezu zeitgleich mit dem Schlüsselartikel von Paul Crutzen gefolgert: »Nature is over.« Ein provokativer Titel, ein provokatives Denken. Es wird Zeit zu fragen, was Natur ist. Was immer wir sehen und als Natur aufnehmen ist bei näherer Analyse direkt oder indirekt ein Produkt menschlichen Forschens und Entscheidens. Ein Hinweis auf die »Renaturierung« eines Gebietes beliebiger Größe ist nur auf den ersten Blick eine eindimensionale Fragestellung. Zu fragen wäre: »Welche Natur ist gewollt?« Nach dem zweiten Weltkrieg mit zwölf Millionen Flüchtlingen und Vertriebenen (einer davon war ich, Flüchtling aus Schlesien) vor den anrückenden russischen Truppen, aber auch Flucht vor den polnischen Flüchtlingen, die aus dem Osten Polens in den Westen, also nach Schlesien, Ostpreußen usw. flüchteten. In dieser Nachkriegszeit begann das höchst ambitionierte Programm der »Flurbereinigung«. Alles was der Produktion landwirtschaftlicher Produkte entgegenstand wurde ausgeräumt, Bäche und Flüsse begradigt, eine neue »Natur« geschaffen. Ein vergleichbares Narrativ verbindet sich mit dem Apennin in Italien. In diesem Falle war es der Holzverbrauch Roms zum Bau einer Flotte, wofür viel Holz benötigt wurde.

Es ist nicht überraschend, dass der Erfinder des Begriffs »Nachhaltigkeit« der sächsische Oberberghauptmann Carl von Carlowitz war. In seinem epochalen Werk »Sylvicultura oeconomica« untersuchte er bereits 1713 das Angebot und die Nachfrage nach Holz aus den großen Wäldern des Erzgebirges. Er brauchte dringlich Holz für das Absichern der Flöze unter Tage und für die Verhüttung der dort abgebauten Erze als Energie über Tage. Er fand heraus, dass die jeweiligen Reproduktionsergebnisse der verschiedenen Holzarten in keineswegs standortgerechten Fichten und Kiefern besonders produktiv waren. Diese bestimmen bis zum heutigen Tage mit bis zu 50 % den Baumbestand in unseren Forsten.

Kein Wunder, dass mit diesen Monokulturen erhebliche Risiken begründet wurden. Diese Risiken haben sich durch die Auswirkungen des Klimawandels aktualisiert und wurden durch natürliche Folgen weiter verstärkt. Der Borkenkäfer hat die Bestände an Nadelholz massiv zerstört. »Sapere aude!« Bei tieferem Nachdenken hat die Forstwissenschaft die vielfältigen Vorteile der Wälder herausgearbeitet und deutlich gemacht, dass Mischwälder vornehmlich auch mit heimischen Baumarten diese Nutzungsvielfalt besonders sichern.

Die »geologische Kraft« des Menschen wurde von Paul Crutzen in die Konsequenz für menschliches Handeln gestellt.

> »Unless there is a global catastrophe – a meteorite impact, a world war or a pandemic – mankind will remain a major environmental force for many millennia.«

Er verbindet diese Prognose mit der klaren Aussage:

> »A daunting task lies ahead for scientists and engineers to guide society towards environmentally sustainable management during the era of the Anthropocene. This will require appropriate human behaviour at all scales, and may well involve internationally accepted, large-scale geo-engineering projects, for instance to ›optimize‹ climate.«

Der Hinweis auf »geo-engineering« ist für unsere Überlegungen besonders relevant. Im Schlusssatz seines wegweisenden Artikels verweist Crutzen dann nahezu gebieterisch auf die Tatsache, dass wir uns dabei noch weitgehend in einem »terra incognita« befinden, dass wir nicht wissen, welche Konsequenzen dieses Injizieren von Partikeln in die Atmosphäre haben würde. Er lässt eher erahnen, dass er Bemühungen zu einem intensiven wissenschaftlichen Erforschen dieser Konsequenzen erwartet, somit ein »sapere aude!«, ein »Mehr Mut« auf jeden Fall nicht. Diese Schlussfolgerung bezieht sich in gleicher Weise auf seinen Hinweis: »This will require appropriate human behaviour at all scales, ...«

Die Herausforderungen liegen also nicht nur bei »scientists and engineers«, ganz im Gegenteil: Das »appropriate human behavior« ist eine unumgängliche Voraussetzung für die Umsetzung technologischer Kenntnisse.

Vor allem: Es ist alles daran zu setzen, Alternativen zu erarbeiten, Veränderungsmöglichkeiten einzuplanen. Demokratie ist nur soweit denkbar, als Alternativen entwickelt und von den Menschen nachvollzogen werden können. Diese Bereitschaft in Alternativen zu denken ist in der Komplexität aktueller Entwicklungen mehr denn je von Regierenden als äußerst belastend empfunden worden. Es ist kein Wunder,

dass Frau Thatcher in ihrem Kabinett den Vornamen Tina erhalten hat: »There is no alternative.«
Etwas versteckter findet sich dies wieder auch in dem auf Bismarck zurückgehenden Hinweis: »Politik ist die Kunst des Möglichen.« »Sapere aude« kommt zu der Konsequenz: Politik ist die Kunst, das Notwendige möglich zu machen.

Schlussbemerkung

Meine zögerliche Bereitschaft, diesen Eröffnungsvortrag zu übernehmen, habe ich im Rückblick nicht bereut. Im Gegenteil! Es hat mich gezwungen in Alternativen zu »Mehr Mut« zu denken. Es erweist sich als Fehler zu glauben, ein kritischer Rationalismus mit der Maxime »Sapere aude« wäre ein Mechanismus zu Verschiebung von Entscheidungen und eine Prämie für das bestehende Wissen. Es unterstreicht, dass schon bei der Erforschung neuer technischer Möglichkeiten Kriterien beachtet werden sollten, die sich hinter diesem »Sapere aude« verbergen: Die Globalisierungsfähigkeit, die Fehlerfreundlichkeit und die Reparaturmöglichkeit, die Kapital- oder Arbeitsintensität, die Möglichkeit breiter Beteiligung der Gesellschaft. In einer Zeit massiver Akzeleration des Wandels ist die Einforderung von »Mehr Mut« für mich noch kritischer geworden, als sie es vorab schon war.
Vor allem hat mir die Vorbereitung auf diesen Vortrag deutlich gemacht, wie tiefer hinein in die Entscheidungsstrukturen nachgedacht werden muss und dass es eine zunehmende Notwendigkeit gibt sicherzustellen, dass der Mensch die Technik und nicht die Technik den Menschen beherrscht, wie es Papst Franziskus in der Enzyklika »Laudato si« mit großem Ernst eingefordert hat.

Autorinnen und Autoren

Dr. Nicole M. Else-Quest ist Professorin für Women and Gender Studies an der Universität von North Carolina in Chapel Hill in den Vereinigten Staaten. Sie erwarb ihren Doktortitel (PhD) in der Entwicklungspsychologie an der Universität von Wisconsin-Madison. In ihrer Forschung untersucht sie psychologische Geschlechterunterschiede mit einem intersektionalen Ansatz, wobei ein Schwerpunkt auf Interventionen zur Verbesserung der Beteiligung von Mädchen und Frauen an den Natur- und Technikwissenschaften liegt. Sie ist Mitautorin des Buches *Psychology of Women and Gender: Half the Human Experience+* (SAGE, 2022) und Mitherausgeberin der wissenschaftlichen Zeitschrift *Stigma and Health*.

Ullrich Fichtner bereist als Reporter des SPIEGEL seit 2001 die Welt und hat aus vielen Kriegs- und Krisengebieten berichtet. Seit 2019 ist er Autor der SPIEGEL-Chefredaktion. Berlin, Paris, New York und Hamburg waren seine Dienstsitze, seine Arbeiten wurden vielfach ausgezeichnet. Mehrmals erhielt er den Egon-Erwin-Kisch- und den Henri-Nannen-Preis, er ist Träger des Theodor-Wolff-Preises. Im Oktober 2023 erscheint bei der Deutschen Verlags-Anstalt sein Buch »Geboren für die großen Chancen«, in dem er die Welt allen Krisen zum Trotz nicht als Verhängnis, sondern als Spielraum menschlicher Möglichkeiten beschreibt.

Dr. Markus Kaim ist Senior Fellow in der Forschungsgruppe Sicherheitspolitik der Stiftung Wissenschaft und Politik (SWP). Er war von August 2019 bis Juli 2020 Helmut-Schmidt-Fellow beim German Marshall Fund of the United States in Washington. Er hat als Visiting Scholar am Institute of European, Russian, and Eurasian Studies der Carleton University, Ottawa, als DAAD Professor for German and European

Studies an der University of Toronto sowie als Vertretungsprofessor für Außenpolitik und Internationale Beziehungen an der Universität Konstanz gelehrt. Er ist Lehrbeauftragter an der Universität Zürich, an der Hertie School of Governance, Berlin, und der Bucerius Law School, Hamburg.

Dr. Vera King ist Geschäftsführende Direktorin des Sigmund-Freud-Instituts und Professorin für psychoanalytische Sozialpsychologie und Soziologie an der Goethe-Universität Frankfurt a.M. Zuvor war sie Professorin für Sozialisations- und Entwicklungsforschung an der Universität Hamburg. Sie forscht zu Folgen gesellschaftlichen Wandels für Kultur und Psyche, zu Generationendynamiken und war u.a. Sprecherin zweier Verbundprojekte zu »Aporien der Perfektionierung« und »Das vermessene Leben«. Aktuelle Schwerpunkte sind sozialpsychologische Analysen zu Krisenfolgen und neuen Formen des Autoritarismus. 2022 erschien von King *Sozioanalyse. Zur Psychoanalyse des Sozialen mit Pierre Bourdieu* (Psychosozial-Verlag); 2021 bei Suhrkamp, hg. von King, Gerisch & Rosa, *Lost in Perfection: Zur Optimierung von Gesellschaft und Psyche*.

Dr. Bernd Kortmann ist Professor für Anglistische Linguistik an der Universität Freiburg und widmet sich in seiner Forschung insbesondere dem strukturellen Vergleich von World Englishes und Dialekten des Englischen. Neun Jahre lang (bis 2022) leitete er das Freiburg Institute for Advanced Studies (FRIAS). Er ist gewähltes Mitglied der Academia Europaea und Mitglied zahlreicher Beratungs- und Auswahlgremien europäischer Universitäten, Forschungsinstitute und Forschungsförderorganisationen für den Bereich der Geistes- und Sozialwissenschaften. Im Jahr 2023 wurde er zum Präsidenten der International Society for the Linguistics of English (ISLE) gewählt. Der Titel des Bandes bedeutet ihm eine Selbstverpflichtung.

Dr. Klaus J. Püttmann ist Edmund Hayes Professor für alternativen Waldbau im Department of Forest Ecosystems and Society an der Oregon State University in Corvallis, Oregon. Er studierte an der Universität Freiburg (Diplom 1986) und der Oregon State University (PhD 1990). Von 1992 bis 2000 arbeitete er als Professor an der University of Minnesota und seit 2001 an der Oregon State University. Er ist Ehrenmitglied der Italienischen Akademie der Forstwissenschaften und International Fellow der Königlich Schwedischen Akademie für Forst-

und Landwirtschaft, Charles Bullard Fellow der Harvard University, und Senior Fellow im Freiburg Research Collaboration Programme an der Universität Freiburg.

Dr. Carl Eduard Scheidt ist emeritierter Professor, M.D., M.A., Arzt für Psychiatrie, Psychosomatische Medizin und Psychotherapie, Psychoanalyse und war Lehrstuhlinhaber der Thure von Uexkuell Stiftungsprofessur für stationäre und teilstationäre Psychotherapie an der Albert-Ludwigs-Universität Freiburg sowie Leiter der Sektion für psychoanalytische Psychosomatik an der Abteilung für Psychosomatische Medizin und Psychotherapie des Universitätsklinikums Freiburg. Forschungsschwerpunkte: Psychotherapieforschung, klinische Bindungsforschung, sprachliche und nonverbale Kommunikation in der Psychotherapie.

Dr. Günther G. Schulze ist Professor für Volkswirtschaftslehre an der Universität Freiburg. Studium in Hamburg, Konstanz und Stanford, Promotion zum Thema *Political Economy of Capital Controls*, Habilitation im Bereich Internationale Wirtschaftsbeziehungen, seit 2001 Inhaber des Lehrstuhls für Internationale Wirtschaftspolitik an der Universität Freiburg. 2016–2022 Director (Social Sciences) am Freiburg Institute for Advanced Studies. Forschungsschwerpunkte im Bereich der Politischen Ökonomie, der Entwicklungsökonomie, der ökonomischen Entwicklung Südostasiens, und der Ökonomie von Konflikten und des Terrorismus. Seit Jahren treibt ihn die Mut- und Antriebslosigkeit v.a. in der deutschen Politik um, die dazu führt, dass Chancen ungenutzt und Probleme ungelöst bleiben, obwohl wir es anders könnten.

Dr. Klaus Töpfer, Minister a. D., ist Volkswirt und wurde 1968 mit einer Arbeit zum Thema »Regionalpolitik und Standortentscheidung« promoviert. Weitere Stationen: 1971–1978 Leiter Planungsabteilung der saarländischen Staatskanzlei, 1978 Professor und Direktor des Instituts für Raumforschung und Landesplanung an der Universität Hannover, 1978–1985 Staatssekretär im Ministerium für Soziales, Gesundheit und Umwelt des Landes Rheinland-Pfalz, 1985–1987 Minister für Umwelt und Gesundheit in RLP, 1987–1994 Bundesminister für Umwelt, Naturschutz und Reaktorsicherheit, 1994–1998 Bundesminister für Raumordnung, Bauwesen und Städtebau. 1998–2006 Exekutivdirektor des Umweltprogramms der Vereinten Nationen (UNEP) in

Nairobi, 2001–2010 Mitglied im Rat für Nachhaltige Entwicklung, 2009
– 2015 Gründungsdirektor des Instituts für Klimawandel, Erdsystem
und Nachhaltigkeit (Institute for Advanced Sustainability, IASS) in
Potsdam. Daneben diverse akademische Lehrtätigkeiten, zahlreiche nationale und internationale Würdigungen, darunter Ehrenpromotionen
und -professuren.

Dr. Andreas Voßkuhle ist seit 1999 Professor für Öffentliches Recht und
Direktor des Instituts für Staatswissenschaft und Rechtsphilosophie an
der Universität Freiburg. Seine Arbeitsschwerpunkte sind Verfassungs-
recht, Allgemeines Verwaltungsrecht sowie Staats- und Rechtstheorie.
Er wurde im Mai 2008 zum Richter und Vizepräsidenten des Bundes-
verfassungsgerichts ernannt und im März 2010 zu seinem Präsidenten.
Die 12-jährige Amtszeit endete im Juni 2020. Voßkuhle ist ordentliches
Mitglied der Berlin-Brandenburgischen Akademie der Wissenschaften
und der Nationalen Akademie der Wissenschaften – Leopoldina.

Dr. Peter Wittig, Botschafter a. D., ist Gastprofessor an der Georgetown
University in Washington, D.C. und Fisher Family Fellow der Har-
vard Kennedy School. Er war Angehöriger des deutschen Auswärtigen
Dienstes, in den er 1982 eintrat. Zuletzt war er deutscher Botschafter
in London (2018 – 2020), Washington (2014 – 2018) und bei den Verein-
ten Nationen in New York (2009 – 2014). Wittig studierte Geschichte,
Politikwissenschaft und Rechtswissenschaften an den Universitäten
Bonn, Freiburg, Canterbury und Oxford. Im Jahre 1980 promovierte
an der Universität Freiburg zu einem Thema der neueren englischen
Geschichte.

Dr. Walther Ch. Zimmerli hatte als Philosoph an zahlreichen Wir-
kungsstätten im In- und Ausland Professuren inne. Wichtigste Stationen: Studienaufenthalt am Yale-College, Studium an den Universitäten Göttingen und Zürich (Promotion 1971, Habilitation 1978).
Lehrstühle für Philosophie TU Braunschweig (1978–88), Universität
Bamberg/Universität Erlangen-Nürnberg (1988–96), Universität Mar-
burg (1996–99). 1999–2002 Präsident Universität Witten-Herdecke;
2002–2007 Mitglied Topmanagement Volkswagen AG, Gründungsprä-
sident Volkswagen Auto-Uni, Geschäftsführungsmitglied Volkswagen
Coaching GmbH; 2007–2013 Präsident BTU Cottbus, 2013–2016 Fried-
rich-Stiftungsprofessor. Seither Honorarprofessor an der Humboldt-

Universität zu Berlin sowie zahlreiche Gastprofessuren und Fellowships an Forschungszentren und Institutes for Advanced Studies.

[transcript]

WISSEN. GEMEINSAM. PUBLIZIEREN.

transcript pflegt ein mehrsprachiges transdisziplinäres Programm mit Schwerpunkt in den Kultur- und Sozialwissenschaften. Aktuelle Beträge zu Forschungsdebatten werden durch einen Fokus auf Gegenwartsdiagnosen und Zukunftsthemen sowie durch innovative Bildungsmedien ergänzt. Wir ermöglichen eine Veröffentlichung in diesem Programm in modernen digitalen und offenen Publikationsformaten, die passgenau auf die individuellen Bedürfnisse unserer Publikationspartner*innen zugeschnitten werden können.

UNSERE LEISTUNGEN IN KÜRZE

- partnerschaftliche Publikationsmodelle
- Open Access-Publishing
- innovative digitale Formate: HTML, Living Handbooks etc.
- nachhaltiges digitales Publizieren durch XML
- digitale Bildungsmedien
- vielfältige Verknüpfung von Publikationen mit Social Media

Besuchen Sie uns im Internet: www.transcript-verlag.de

Unsere aktuelle Vorschau finden Sie unter: www.transcript-verlag.de/vorschau-download